La Palma

Dieter Schulze

▶ Dieses Symbol im Buch verweist auf den großen Faltplan!

Bienvenidos – Willkommen

Mein heimliches Wahrzeichen	4
Erste Orientierung	6
Schlaglichter und Impressionen	8
Geschichte, Gegenwart, Zukunft	12
Übernachten	14
Essen und Trinken	16
Reiseinfos von A bis Z	18

Unterwegs auf La Palma

La Palma 15 x direkt erleben

Santa Cruz und der Südosten 30

Santa Cruz 30
Los Cancajos 43
Breña Alta und Breña Baja 44
Villa de Mazo 45

direkt 1 | Palmen und Paläste – Plaza de España in Santa Cruz — 34
Der schmucke Platz bewahrt den Glanz der Kolonialzeit

direkt 2 | Bei der Schneejungfrau – Ausflug nach Las Nieves — 39
Besuch der bekannten Wallfahrtskirche

Der Südwesten 47

Los Canarios 47   Las Indias und Los Quemados 56
Las Manchas 57   Puerto Naos 57
Los Llanos de Aridane 61   Tazacorte 71
Puerto de Tazacorte 72

direkt 3 | Tanz auf dem Vulkan – Wanderrunde bei Los Canarios — 49
Das La Palma eine Vulkaninsel ist, spürt man auf dem Teneguía

direkt 4 | Strände und Salinen – die Inselsüdspitze — 52
Herbe Vulkanlandschaft und flirrende Salzgärten

direkt 5 | Wein und ein Schuss Exzentrik – Las Manchas — 58
Sinnesfreuden im Weinmuseum und auf der Plaza La Glorieta

direkt 6 | Szenig – Einkaufen in Los Llanos de Aridane — 67
Ungewöhnliches Shopping und vielfältige Gastro-Szene

| direkt 7 | **Wale und Delfine – Bootstrip ab Puerto de Tazacorte** | 74 |

Erleben Sie die Meeressäuger in ihrem Element

Der Nordwesten 76

La Punta & El Jesús 76
Tijarafe 77
Puntagorda 77

| direkt 8 | **Dragos und altkanarische Höhlen – Las Tricias** | 80 |

Zu majestätischen Drachenbäumen und uralten Felsgravuren

| direkt 9 | **Blick in die Tiefe – Roque de Los Muchachos** | 83 |

Vom Rand der Caldera schaut man in den Abgrund

Der Norden und Nordosten 86

Santo Domingo de Garafía 86   Llano Negro 87
Roque del Faro 87
Barlovento 91   Los Sauces 93   San Andrés 94
La Galga 98   Puntallana 98

| direkt 10 | **Im verwunschenen Wald – La Zarza und La Zarcita** | 88 |

Geheimnisvolle Felszeichnungen der Ureinwohner

| direkt 11 | **Botanische Wundertüte – Wandertour ab Los Tiles** | 96 |

Zum urwüchsigen Lorbeerwald im Norden La Palmas

| direkt 12 | **Besuch bei den Mayos – in Puntallana** | 99 |

Die grotesken Puppen sind Teil einer lebendigen Tradition

Das Zentrum 101

El Paso 101

| direkt 13 | **Riesiger Erosionskrater – Caldera de Taburiente** | 102 |

Zeitreise durch La Palmas vulkanische Entstehungsgeschichte.

| direkt 14 | **Spaziergang am Rand der Caldera – La Cumbrecita** | 106 |

Auf der spektakulären Runde folgt ein Tiefblick dem nächsten.

| direkt 15 | **Bizarre Lavalandschaft – Vulkanroute ab El Pilar** | 109 |

Große Vulkanwanderung

Sprachführer	112
Kulinarisches Lexikon	114
Register	116
Autoren, Abbildungsnachweis, Impressum	120

Bienvenidos
Mein heimliches Wahrzeichen

Sattgrüne Wiesen mit kräftigen Kühen und dahinter ein bewaldeter Bergkamm: Nein, Sie sind nicht in den Alpen, sondern auf einer Insel mitten im Atlantik! Freilich werden Sie einen so schönen Wolkenfall in Europa nur selten zu Gesicht bekommen – auf La Palma erleben Sie dieses Schauspiel fast täglich: Wolken schwappen über den zentralen Kamm, um sich wie durch Zauberhand aufzulösen…

Erste Orientierung

Überblick
Umspült von den Fluten des Atlantiks erhebt sich die ›steilste Insel der Welt‹ wie eine mächtige Festung. So unwegsam sie auf den ersten Blick erscheinen mag, so ist sie doch bestens erschlossen. Gut ausgebaute Straßen und Tunnel führen um sie herum und in ihr Zentrum hinein. La Palma ist die ›grünste der Kanaren‹: eine Insel ohne große Bettenburgen, dafür reich an ursprünglicher Natur.

Feuchter und tendenziell kühler sind der Norden und Osten, trockener und wärmer der Süden und Westen. Für die Unterschiede in Klima und Vegetation sorgt der Nordostpassat: Er drückt die vom Atlantik kommenden feuchten Luftmassen gegen das Gebirgsmassiv und bewirkt, dass sich im Norden und Osten dichte Wolkenbänke ausbilden. Gleich einem Wasserfall schwappen sie über den zentralen Kamm, um sich danach rasch aufzulösen – darum hat man im Südwesten meist das bessere Wetter.

Santa Cruz und der Südosten
Im Osten kommen alle Urlauber an: einige am Fährhafen der Hauptstadt **Santa Cruz** (▶ G 6), die meisten 10 km südlich am Flughafen.

Santa Cruz ist eine der schönsten Städte der Kanaren, hat ein quirliges Ambiente, aber auch stimmungsvolle **Plätze und Paläste**. Wer hier wohnt, ist mittendrin im kanarischen Leben, und die **Bergwelt** liegt nur wenige Kilometer entfernt.

Südlich der Hauptstadt breitet sich ein fruchtbarer und zunehmend zersiedelter Landstrich aus: **Breña Alta** (▶ F 6) und **Breña Baja** (▶ G 7) sind Orte des ewigen Frühlings – da wuchert und blüht es das ganze Jahr. Wohlhabende Hauptstädter ließen hier ihre Villen erbauen, und zahlreiche Mitteleuropäer tun es ihnen nach.

An der Küste, wo es trockener ist, entstand in **Los Cancajos** (▶ G 7) ein Ferienzentrum mit künstlich angelegtem Strand.

Der Südwesten
Das Pendant zu Los Cancajos ist auf der Westseite **Puerto Naos** (▶ C 8). Auch dieser Ferienort hat einen schönen dunklen Strand mit attraktiver Promenade, leider aber auch Straßenzüge aus der Retorte. Idyllischer präsentiert sich **Puerto de Tazacorte** (▶ B 7) mit kleinem Strand und Fischrestaurants; vom Hafen starten **Bootsausflüge zur Walbeobachtung**.

Im angrenzenden **Aridane-Tal** am weit auslaufenden Westhang hat die Sonne eine solche Kraft, dass in großem Stil Bananen angebaut werden. Doch nicht nur Früchte gedeihen, auch der Tourismus boomt, sodass sich der Hauptort **Los Llanos de Aridane** (▶ C 6) mit Fug und Recht ›heimliche Hauptstadt‹ nennen darf.

Nach Süden zu sind die **Vulkane** präsent: Zeugen der jüngsten Ausbrüche entdeckt man unterhalb des Bergdorfs **Los Canarios** (▶ E 11) – und an der Küste, nicht weit entfernt: **Salzfelder**, kleine **Badebuchten** und **Weingärten** sowie ein erstes Hoteldorf.

Der Nordwesten
Über lange Kurvenstraßen ist der Nordwesten erreichbar. Dank seiner Abge-

Erste Orientierung

schiedenheit hat er sich seine Ursprünglichkeit bis heute bewahrt, Turismo Rural ›Tourismus auf dem Land‹ ist hier besonders beliebt.

In **Tijarafe** (▶ B 5) und **Puntagorda** (▶ B 3) dominiert bäuerlicher Alltag, auf den terrassierten Hängen wachsen Mandel- und Obstbäume.

Eine spektakuläre Wanderung führt zu den **Buracas-Höhlen** (▶ B 3) und einem **Drachenbaumhain**, eine weitere Tour aufs Dach der Insel – zum **Roque de Los Muchachos** (▶ D 4), dem mit 2426 m höchsten Punkt der Insel.

Der Norden und Nordosten

Noch wilder und rauer präsentiert sich der Norden. In Wäldern voll knorriger Kiefern und Lorbeerbäume verfangen sich Passatwolken, die die Landschaft verzaubern. Romantische Wege führen zu **Felszeichnungen** der Ureinwohner und zu spektakulären Aussichtspunkten im **Lorbeerwald**. An der Küste können Sie sich in **San Andrés** (▶ G 3) und **La Fajana** (▶ F 1) in Natur-Pools erfrischen. Beschaulich geht es in Dörfern wie **Puntallana** (▶ G 4) zu, die mit Überraschungen aufwarten.

Das Zentrum

Das Herzstück der Insel ist die **Caldera de Taburiente** (▶ D/E 4/5), ein Erosionskrater von 9 km Durchmesser, der zu den größten der Welt zählt und als Nationalpark geschützt ist.

Im Nordosten wird der Kessel von den Ausläufern der **Cumbre** gesäumt, einem langen Gebirgszug, der sich im Halbkreis um den Krater legt und sich nach Süden verlängert. In dieser Region finden Sie die spektakulärsten Wanderwege. Sie führen in die Tiefe des **Kraters** und in luftiger Höhe um ihn herum, eine **Vulkanroute** verläuft südwärts über den langgestreckten Rücken des Gebirgsgrats.

Als Ausgangspunkt zur Erkundung der Gebirgswelt empfiehlt sich **El Paso** (▶ D 6/7), ein gemütliches Dorf mit vielen Unterkünften.

Blick vom Mirador de La Concepción auf Santa Cruz

Schlaglichter und Impressionen

Die Insel und ihre Namen

Die Ureinwohner nannten die Insel *Benahoare* (berberisch: ›unser Land‹) und sich selbst *benahoaritas*. Nach der Konquista haben die siegreichen Spanier den Inseln neue Namen gegeben und die ursprünglichen Bezeichnungen verboten. Doch im kollektiven Gedächtnis sind diese noch immer präsent und tauchen im Namen von Folklore-Ensembles und Öko-Gruppen, Autoverleihfirmen und Apartmentanlagen auf. Den heutigen Namen La Palma wählten die spanischen Eroberer angeblich wegen der vielen Palmen, die sie hier vorfanden. Entsprechend wurden die Bewohner von den Eroberern *palmeros* getauft.

Wir und die anderen

Die Festlandspanier werden im Volksmund verächtlich *godos* genannt. Wie einst die Goten, die im Mittelalter die Iberische Halbinsel unterwarfen, überrollten deren Abkömmlinge die Kanaren und die Neue Welt. Dabei traten sie als Vertreter eines vermeintlich überlegenen Volkes auf, begegneten allem Fremden mit Arroganz und Ignoranz. In den offiziellen Medien enthält man sich freilich dieses Ausdrucks, dort wird neutral von den *peninsulares* (denen von der Iberischen Halbinsel) gesprochen. Die Bezeichnung *godos* kennt man übrigens auch in Argentinien, Chile, Uruguay, Cuba und Venezuela. Dort wurde er zur Zeit der Unabhängigkeitskriege benutzt, um die spanischen Besatzer zu diskreditieren.

Werden die Palmeros heute nach ihrer Nationalität gefragt, antworten sie:¡*Somos canarios!* (Wir sind Kanarier!). Sie empfinden sich nicht als Spanier, sondern betonen voller Stolz, dass

Auf La Palma werden viele große und kleine Feste gefeiert

Schlaglichter und Impressionen

sie wie die Basken, Katalanen und Galicier eine eigene ›Nation‹ innerhalb des spanischen Staates bilden.

Über Touristen sprechen Palmeros stets dann positiv, wenn sie dazu beitragen, dass sich die eigene wirtschaftliche Situation verbessert. Deutsche Urlauber werden mit einer wenig schmeichelhaften Bezeichnung bedacht: *Cabeza cuadrada* (Quadratkopf) werden sie genannt, womit nicht eine spezifische Kopfform gemeint ist, sondern das bei Deutschen angeblich vorherrschende Denk- und Verhaltensmuster. Bei den Germanen, so meint bis heute manch ein Canario, sei alles ›quadratisch‹, d. h. stur durchorganisiert – für spontane, vom Gefühl geleitete Entscheidungen gebe es keinen Platz.

Wenig Raum für FKK

Zwar können die Palmeros nicht verstehen, weshalb sich einige weißhäutige Urlauber so gern splitternackt in die Sonne legen – doch um den Gästen den Spaß nicht ganz zu verderben, wird FKK an der Playa de las Monjas 2 km südlich von Puerto Naos toleriert. Dort allerdings wird der Sand im Winter oft abgetragen, das Sonnenbaden macht dann nur eingeschränkt Spaß.

Das Baden ›oben ohne‹ erregt kaum noch die Gemüter. Frauen steigen an den Stränden von Los Cancajos und Puerto Naos ohne Bikini-Oberteil ins Wasser – kaum einer merkt es und (fast) niemanden stört's.

Guagua

Wer Spanisch gelernt hat, mag staunen, dass im kanarischen Alltag Wörter auftauchen, die er nie gehört hat, z. B. das geheimnisvoll klingende *guagua*, ein Synonym für *autobus:* Nur auf den Kanaren, nirgendwo sonst in Spanien ist es gebräuchlich. Kurios ist der Ursprung des Wortes: Als ein US-Unternehmer zu Beginn des 20. Jh. den ersten Bus nach Havanna brachte, nannte er ihn schlicht und einfach *Wagon*. Die Kubaner, denen es Schwierigkeiten bereitete, das Wort auszusprechen, kreierten aus den aufgeschnappten Lauten das Wort *guagua*. Binnen weniger Jahre trat es seinen Siegeszug in Lateinamerika und – über zurückkehrende Emigranten – auch auf den Kanaren an.

Geschäftemacher

Gern werden die Palmeros als liebenswürdige und hilfsbereite Menschen beschrieben, doch lässt sich nicht übersehen, dass sie in den vergangenen Jahren ein bisschen reservierter geworden sind. Und das nicht ohne Grund:

Sie mussten miterleben, dass viele Fremde nicht nur auf die Insel kamen, um sich zu erholen, sondern auch um knallharte Geschäfte zu machen. Da wurde billig erworbenes Land zu horrenden Preisen weiterverkauft, und es wurde den Palmeros bedeutet, dass sie zwar gutherzige Menschen seien, aber von Wirtschaft und Tourismus, erst recht von den Bedürfnissen der Urlauber nicht viel verstünden. So geschah es, dass bald die Mehrzahl der Apartments in deutscher Hand war, ebenso Autoverleihfirmen, Kontakt- und Immobilienbüros. Deutsche waren auf der Suche nach Marktlücken und eröffneten Restaurants und Internet-Cafés, Souvenir-Shops und Öko-Läden, Arztpraxen und sogar eine Schule.

Widerwillig lernen Palmeros die ersten Lektionen in europäischer ›Freizügigkeit‹ – ganz so einseitig hatten sie sich das Zusammenleben mit den Gästen nicht vorgestellt …

Künstler der Muße

Auf La Palma ticken die Uhren langsamer als bei uns, die Menschen haben noch Zeit füreinander. In vielen Berei-

Schlaglichter und Impressionen

Archaische Landschaft mit Drachenbaum – im hohen Norden

chen des Alltags hat Lebensgenuss Vorrang vor Arbeitseffizienz. *Tranquilo* – (immer mit der Ruhe) heißt es, wenn gestresste Mitteleuropäer das von zu Hause gewohnte Tempo einfordern. Wer sich auf den Zeitrhythmus der Palmeros einstellt, erspart sich nicht nur manchen Frust, sondern macht auch die Erfahrung, dass mußevolles Leben schön sein kann.

Karneval

Viele kleine und große Feste werden auf La Palma gefeiert, doch nie geht es so ausgelassen zu wie beim Karneval von Santa Cruz.

Höhepunkt ist der Rosenmontag, wenn der *Día de los Indianos*, die ›Rückkehr der Indianer‹ auf dem Programm steht. Auf der Straße flanieren Frauen in Schleier und Spitzenbluse, dazu sieht man Männer im eleganten Leinenanzug und mit Panama-Hut, die Zigarre locker im Mundwinkel. Alles nimmt seinen beschaulichen Gang, bis auf ein geheimes Zeichen das Chaos losbricht: Die feinen Damen und Herren ziehen weißen Puder aus ihren Dekolletees und Jackentaschen und bewerfen damit alle, die ihnen in die Quere kommen.

Mit dem hier geschilderten, auf den Kanaren einmaligen Brauch rächen die zu Hause gebliebenen Palmeros die Arroganz der aus Amerika heimgekehrten Emigranten, von denen es heißt, sie hätten keine Gelegenheit ausgelassen, ihren neu erworbenen Reichtum zur Schau zu stellen. *Indianos* heißen sie übrigens nicht, weil sie in Amerika etwas mit Indianern zu tun gehabt hätten, sondern weil das Ziel ihrer Reise Las Indias war – seit den Tagen des Kolumbus, der Indien auf dem Seeweg erreichen wollte, heißt so die Neue Welt auf den Kanaren.

Biosphäre

Im Jahr 2002 wurde La Palma zum UNESCO-Biosphärenreservat erklärt. Man hätte glauben können, die Inselregierung werde auf diese Auszeichnung

Schlaglichter und Impressionen

stolz sein und sich fortan mit aller Kraft dem Schutz der ihr anvertrauten Kulturlandschaft verschreiben. Doch wer so dachte, hat sich geirrt. Zwar wurde – mit Hilfe der EU – das Netz der Wanderwege vorbildlich erneuert, doch gleichzeitig hat man viel Geld für umstrittene Maßnahmen wie den Bau einer Schnellstraße im bevölkerungsarmen Nordosten und den Ausbau des Hafens von Tazacorte ausgegeben.

Mit dem Abflauen der Krise sprießen auch wieder Pläne zur ›Ankurbelung des Tourismus‹: Da ist vom Bau einer neuen Autobahn die Rede, von Golfplätzen, großen Hotels und künstlichen Stränden. Das Handeln der Politiker, so scheint's, wird immer stärker von den Interessen der Bauindustrie bestimmt.

Das Oberste Kanarische Gericht hat es in der Vergangenheit vermocht, den Bau mehrerer touristischer und industrieller Anlagen unter Verweis auf den Natur- und Artenschutz zu blockieren. Dies soll in Zukunft nicht mehr möglich sein: Per Gesetz will die kanarische Provinzregierung den Artenschutzkatalog verkleinern, die Zahl der zu schützenden Tiere und Pflanzen schlichtweg halbieren …

Libro de reclamaciones

Wer sich im Hotel oder Restaurant schlecht behandelt fühlt, kann sich auf La Palma wirkungsvoll zur Wehr setzen. Oft reicht die bloße Frage nach dem Beschwerdebuch *(libro de reclamaciones)*, um Konfliktstoff im Handumdrehen aus der Welt zu schaffen.

Von der Autoverleihfirma bis zum Vergnügungspark sind alle touristischen Unternehmen verpflichtet, das weiße Büchlein offen sichtbar auszuhängen. Auf Verlangen wird dem Gast ein nummeriertes Beschwerdeblatt ausgehändigt, das der Kritisierte innerhalb eines Monats der Tourismusbehörde zuleiten muss. Die Klage, die auch in deutscher Sprache verfasst sein darf, hat viel Gewicht, denn nach mehrmaligem Eintrag droht dem Unternehmen Lizenzentzug.

Daten und Fakten

Lage: La Palma ist die nordwestlichste Insel des Kanarischen Archipels. Sie liegt 455 km vom afrikanischen Festland und 1500 km von der Südspitze der Iberischen Halbinsel entfernt.
Fläche: 726 km^2; von Nord nach Süd erstreckt sich die Insel 46 km, von West nach Ost 28 km.
Höchste Erhebung: Roque de Los Muchachos (2426 m)
Einwohner: 83 500, davon 9 % Ausländer, von denen wiederum knapp die Hälfte Deutsche sind
Hauptstadt: Santa Cruz de La Palma mit 16 200 Einwohnern
Größte Stadt: Los Llanos de Aridane mit über 20 000 Einwohnern
Verwaltung: Die Kanarischen Inseln bilden innerhalb Spaniens eine teilautonome Region (vergleichbar mit den Bundesländern in Deutschland). Sie ist in zwei Provinzen aufgeteilt: La Palma gehört seit 1927 mit Gomera, El Hierro und Teneriffa zur West-Provinz Santa Cruz de Tenerife, Gran Canaria bildet mit Lanzarote und Fuerteventura die Ost-Provinz Las Palmas de Gran Canaria. Jede Insel wird von einem Inselrat, dem Cabildo Insular, verwaltet.

Geschichte, Gegenwart, Zukunft

Frühgeschichte

Berber aus Nordwestafrika besiedelten den Kanarischen Archipel ab dem 5. Jh. v. Chr. in mehreren Schüben. Allerdings ist unklar, wie und warum sie auf die Inseln gelangten. Auf La Palma nannten sie sich *benahoaritas*, in Ortsnamen wie Tiguerorte und Tijarafe ist der berberische Ursprung bis heute erkennbar. Sie lebten isoliert vom Rest der Welt und hatten offenbar auch kaum Kontakt zu den Bewohnern der Nachbarinseln.

Zwar berichtet der römische Schriftsteller Plinius d. Ä. im 1. Jh. n. Chr. von der Expedition des mauretanischen Königs Juba II. zu den *Insulae fortunatae*, den ›Glücklichen Inseln‹, doch von den Benahoaritas ist nichts zu erfahren. Bis heute unentziffert bleiben auch die schriftlichen Zeugnisse in Form von Felszeichen, die vermutlich libyisch-berberischen Ursprungs sind.

Spanische Conquista: Unterwerfung der Guanchen

Im 14. Jh. begannen europäische Seefahrer, die ihnen unbekannte Atlantikküste Afrikas zu erforschen: Sie suchten einen direkten Zugang zu den Goldschätzen des Schwarzen Kontinents und zugleich eine ›islamfreie‹ Seeroute in den Fernen Osten. Dabei stießen sie 1312 auf die Kanaren.

Für die mittelalterlichen Europäer waren die Inselbewohner heidnische Wilde, die es zu missionieren und zu unterwerfen galt. Es kam zu zahlreichen Sklavenraubzügen, bevor der Archipel im 15. Jh. im Auftrag der kastilischen Krone systematisch und in mehreren Etappen erobert wurde. Am 29. September 1492 landete der Adelige Fernández de Lugo in Puerto de Tazacorte. Nach blutigen Kämpfen verkündete er sieben Monate später die Kapitulation der Ureinwohner. Zur Belohnung erhielt er von der Krone den Gouverneursposten auf La Palma und die besten Ländereien im Aridane-Tal.

Kolonialisierung: Spanien im Atlantik

Rasch machte sich Fernández de Lugo daran, aus seinem Besitz Gewinn zu schlagen. Mit Hilfe billiger Arbeitskräfte, überlebender Benahoaritas und afrikanischer Sklaven, startete er den Anbau von Zuckerrohr. Schon bald waren die Kanarischen Inseln in den lukrativen Dreieckshandel zwischen Europa, Afrika und Amerika einbezogen. Spanische Flotten liefen sie auf dem Weg in die Kolonien der Neuen Welt an, versorgten sich mit Proviant und nahmen kanarische Waren an Bord.

Die Kunde vom lukrativen Zuckerrohranbau lockte europäische Kaufleute nach La Palma: So erwarben die Welser aus Augsburg und die Monteverde aus Flandern große Plantagen im Westen der Insel.

Wiederholt wurde das spanische Reich von den konkurrierenden Kolonialmächten England, Holland und Frankreich attackiert. Ab Ende des 16. Jh. griffen Korsaren die Kanaren an, um spanische Kolonialschätze abzufangen und die Inseln als Versorgungsbasis unsicher zu machen.

Als der billigere karibische Zucker das kanarische ›weiße Gold‹ verdrängte, sattelten die Großgrundbesitzer auf Weinanbau um. Hauptabnehmer war lange Zeit England, das aber aufgrund

Geschichte, Gegenwart, Zukunft

der kolonialen Konkurrenz bald schon auf Tropfen anderer Länder zurückgriff, wodurch viele Canarios in die Emigration nach Amerika gezwungen wurden.

Englands Interesse am Archipel belebte sich erst wieder in der zweiten Hälfte des 19. Jh., als es zur führenden Weltmacht aufstieg: Englische Kaufleute wurden auf allen inzwischen zur Freihandelszone erklärten Kanareninseln aktiv und initiierten den Anbau profitabler Frachtgüter.

Auf La Palma wurde der Bananenanbau von den Unternehmen Elder und Fyffes betrieben, die zum weltweit größten Früchteexporteur, der United Fruit Company, aufrückten.

Aufbrüche im 20. Jahrhundert

Die innenpolitische Situation Spaniens blieb nach dem Zerfall des überseeischen Kolonialreichs (1898) auf Jahrzehnte instabil. Der in den 1920er- und 30er-Jahren unternommene Versuch, die feudalen Strukturen durch Land- und Bildungsreform zu reformieren, führte in einen Bürgerkrieg (1936–39). In der anschließenden, fast 40 Jahre währenden Franco-Diktatur herrschten Großgrundbesitzer, Militär und Kirche autark – es gab keinerlei demokratische Mitspracherechte.

Die überfällige Modernisierung aller Lebensbereiche setzte erst nach Francos Tod 1975 ein. Mit Spaniens Beitritt zur EU (1986) kamen die Kanaren als ›ultraperiphere EU-Region‹ in den Genuss großzügiger Fördergelder – der Tourismus begann die Landwirtschaft als wichtigste Einkommensquelle abzulösen.

Ausblick

Mit der Ernennung La Palmas zum UNESCO-Biosphärenreservat (2002) avancierte die Insel zu einem beliebten Reiseziel für Naturliebhaber. In den Jahren der Wirtschaftskrise wurden viele Palmeros arbeitslos, zugleich sank die Zahl der Flüge nach La Palma. Erst 2015 wurde diese Entwicklung gestoppt. Neue Flugverbindungen wurden eingerichtet, auch mehrere Kreuzfahrtschiffe steuern die Insel an.

Luftig und dem Meer zugewandt – die Balkonhäuser in der Hauptstadt Santa Cruz

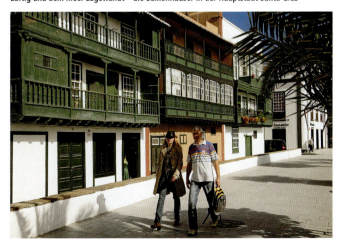

Übernachten

Turismo Rural

›Urlaub auf dem Land‹ ist ideal für alle, die Romantik lieben und auf Komfort nicht verzichten wollen: Mit Hilfe der EU wurden mehr als 150 alte Bauernhöfe, Fincas und Mühlen liebevoll restauriert. Sie bieten allen nötigen Komfort, dazu rustikales Ambiente mit Giebeldächern und Holzgalerien, oft auch Terrakottaböden, Kamin und Terrasse. Oft sind sie von schönen subtropischen Gärten umgeben. Da die Fincas meist fernab von größeren Orten liegen, empfiehlt es sich, ein Auto zu mieten. Für die Häuser liegt der Wochenpreis für zwei Personen bei ca. 300–700 € inklusive Bettwäsche und Handtücher.

Karin Pflieger aus Hamburg, die zahlreiche Ferienhäuser im Auftrag der einheimischen Eigentümer vermittelt, hat sich dank ihrer guten Beratung einen Namen gemacht. Bei ihr ist es auch möglich, Ferienaufenthalte an der Ost- und Westküste zu kombinieren und so die Entdeckung der Insel zu vereinfachen. Weitere Hausbesitzer sind mit über 80 Häusern im palmerischen Verband Isla Bonita organisiert.

Karin Pflieger: Tel. 040 560 44 88, www.la-palma-turismo-rural.de
Isla Bonita: Tel. 922 43 06 25, www.islabonita.es

Hotelurlaub

Auf La Palma gibt es zwei Touristenzentren mit Drei- und Viersternehotels: **Puerto Naos** an der Westküste und **Los Cancajos** an der Ostküste, beide mit Badestrand. Dazu kommt das komfortable **La Palma Princess,** eine ›Hotelstadt‹ in der Gemeinde **Fuencaliente** im Süden. Alle bekannten Veranstalter sind in den Zentren präsent und

San Andrés gehört zu den schönsten Orten der Insel

Übernachten

haben sich ihre Vertragshotels gesichert. Aber es gibt auch attraktive Hotels und Apartmenthäuser abseits der Ferienzentren, so die **Hacienda de Abajo,** ein mit Kunstschätzen ausgestattetes Herrschaftshaus auf der warmen Westseite in **Tazacorte,** das Berghotel **La Palma Romántica** im feuchten Nordosten **(Barlovento)** und den **Parador Nacional** im Osten unweit des Flughafens **(Breña Baja);** letzterer erfüllt allerdings nicht die hohen Erwartungen, die man an die staatliche Hotelkette üblicherweise knüpft. Ein seit Jahren beliebtes Apartmenthaus ist **La Fuente,** eine von mehreren Unterkünften in **Santa Cruz,** der attraktiven Hauptstadt. Dort braucht man sich abends nie zu langwerilen, es gibt nette Bars und Bodegas, hin und wieder auch ein Konzert.

Auf La Palma ist ganzjährig Saison. Von Mitte Dezember bis Mitte April, wenn die Nachfrage besonders stark ist, sollte man früh buchen.

Einige **Internetportale** bieten Erlebnisberichte und Kommentare (manche echt, andere bestellt) z. B.
www.holidaycheck.de
www.tripadvisor.com
www.hotelbooking.com

Pensionen

Beste Noten bekommt die Pension **Mar y Monte** in **Puntagorda** (s. S. 79). Daneben gibt es Pensionen in **Santa Cruz** (San Telmo, s. S. 37), **El Paso** (Finca Cosmos, s. S. 105), **Los Llanos de Aridane** (El Porvenir, www.el-porvenir.info), oberhalb von **Puerto Naos** (Musicasa, www.musicasa.de), **Tazacorte** (Atlantis, www.atlantis-lapalma.com), **Los Canarios** (Los Volcanes, Tel. 922 44 41 64), **Los Sauces** (El Drago, Tel. 922 45 03 50) und **San Andrés** (Las Lonjas, Tel. 922 45 07 36).

Herbergen

Sechs Herbergen mit jeweils 30–40 Plätzen wurden mit EU-Geldern längs des 160 km langen Wanderwegs GR-130 eingerichtet (www.senderosdelapalma.com), aufgrund Personalmangels sind sie aber nicht in Betrieb.

Camping

Ein Hauch von Woodstock umweht die Anlage des Schweizers Hannes Keller in **La Laguna** (www.4011camp.com).

Ganzjährig kann man an der feuchtkühlen **Laguna de Barlovento** zelten (Tel. 922 69 60 23), im Sommer auch im **Centro de Naturaleza** in Puntagorda (Tel. 922 49 33 06). Die Campingerlaubnis für die **Caldera** beantragt man online (www.reservasparquesnacionales.es) oder persönlich im Centro de Visitantes de El Paso (s. S. 108).

Für das Zelten am Picknickplatz **El Pilar** und auf anderen schönen Plätzen braucht man die Genehmigung des Medio Ambiente, der Umweltbehörde in Santa Cruz (Av. de los Indianos 20, 2. Stock, Tel. 922 42 31 00, Mo–Fr 9–13 Uhr).

Preisangaben

Die Preise in diesem Buch gelten für zwei Personen im Doppelzimmer inklusive Frühstück, im Apartment oder Ferienhaus ohne Verpflegung.

Mit einem Aufschlag ist vor allem in den Weihnachts- und Osterferien zu rechnen.

Essen und Trinken

Frühstück

Sie wollen essen wie die Palmeros? Dazu müssen Sie allerdings Ihren Tagesrhythmus umstellen. Schon beim Frühstück *(desayuno)* ist Eile geboten: rasch eine Tasse Kaffee, dazu ein Toast oder ein süßes Teilchen, sodann frisch und gestärkt ins Leben hinaus. Zwischen 10 und 11 Uhr geht's in eine Bar, wo Sie einen *bocadillo*, ein üppig belegtes Brötchen bestellen – vielleicht auch eine *tapa*, einen der vielen Appetithappen, die in der Glasvitrine ausgestellt sind.

Mittagessen

Anschließend heißt es durchhalten bis 13 Uhr, denn früher isst kein Kanarier zu Mittag *(almuerzo)*. Drei Gänge sind die Regel: angefangen mit Salat oder Suppe, gefolgt von Fisch oder Fleisch. Das günstige Mittagsmenü *(menú del día)* kostet um die 10–12 €. Dazu ein frisches Bier vom Fass *(caña)*, vielleicht auch ›Tropical‹ oder ›Dorada‹, die beliebtesten Flaschenbiere *(cerveza)*. Haben Sie einen empfindlichen Magen, so sollten Sie Cola und Saft *(zumo)* stets ohne Eis *(sin hielo)* bestellen; denn nicht immer stammen die Eiswürfel aus Flaschenwasser! Und auch beim Wein bitte vorsichtig sein: *Vino de la casa* ist oft billiger ›Hauswein‹ vom Festland – also lieber gleich einen guten Rioja trinken oder *vino del país*, den auf Vulkanerde wachsenden Inselwein.

Als Nachspeise gibt es Obst oder Kuchen und zum Abschluss den obligatorischen *café solo* (Espresso), vielleicht auch *con leche* (mit Milch) oder *al carajalillo*, mit einem starken Schuss Cognac. Alsdann zieht man sich zur wohlverdienten Siesta zurück.

Abendessen

Nach der zweiten Arbeitsphase, die um 16, oft auch um 17 Uhr beginnt und bis 20 Uhr dauert, trifft man sich zum üppigen und ausgiebigen Abendessen *(cena)*. Besonders freitags und samstags herrscht in den Lokalen Feststimmung. Im Sommer geht die Fiesta bis nach Mitternacht weiter; in größeren Orten flaniert man auf der Straße, schwärmt aus in Bars und Terrassencafés.

Restaurants

Die Erfahrung lehrt: In den Orten fernab vom Tourismus schmeckt das Essen besonders gut. In diesem Buch werden deshalb die interessantesten Dorflokale mit landestypischer Kost aufgeführt.

Guten Fisch bekommen Sie in Puerto Naos und Tazacorte sowie in Puerto Espíndola nördlich von San Andrés. Fragen Sie stets nach, ob er wirklich frisch ist, d. h. am gleichen Tag gefangen wurde; in einigen Restaurants werden Sie sich ›Ihren‹ Fisch direkt im Aquarium aussuchen können!

Selbstversorger

Als Selbstversorger können Sie sich in den Markthallen von Santa Cruz und Los Llanos de Aridane mit Obst und Gemüse eindecken (Mo–Sa 7–14 Uhr).

Essen und Trinken

In einer ehemaligen Fischerkapelle – die Taberna in Puerto de Tazacorte

Zusätzlich finden am Samstagnachmittag und Sonntagvormittag große Wochenmärkte *(mercadillos)* statt.

Ursprünglich gab es nur den Bauernmarkt in Villa de Mazo auf der Ostseite, dann wurde ein zweiter in Puntagorda im Nordwesten La Palmas eröffnet. Glaubt man den Umfragen, ist dieser inzwischen deutlich beliebter.

Wein

Auf den Märkten wird auch der Inselwein angeboten, der einst nach Europa und Amerika exportiert wurde. Achten Sie beim Kauf darauf, dass auf dem Etikett das staatliche Gütesiegel ›Denominación de Origen‹ (D.O.) erscheint. Nur dann können Sie sicher sein, dass es kein gepanschter Wein ist.

Die wichtigsten Anbaugebiete sind Las Manchas-Fuencaliente, wo trockener Weißwein und likörartiger Malvasier gewonnen werden; Spezialität der Region um Hoyo de Mazo/Las Breñas ist ein herber Rotwein. Nicht jedermanns Sache ist der in Fässern aus Kiefernholz gereifte Vino de la tea, ein schwerer, harziger Tropfen, der in den Dörfern des Nordwestens angeboten wird.

Wenn Sie den Wein vor dem Kauf gratis testen wollen, besuchen Sie die großen Bodegas Teneguía und Carballo in Los Canarios (s. S. 48) sowie die Bodega Noroeste de La Palma 3 km nördlich von Tijarafe. Während dort vor allem Weißweine angeboten werden, können Sie sich Rotwein aus eigenem Anbau – hier freilich nicht kostenlos – im Höhlenrestaurant Bodegón Tamanca in Las Manchas schmecken lassen.

Süßes zum Ausprobieren

La Palma ist eine gute Adresse für Süßschnäbel – keine andere Kanareninsel bietet eine so reiche Palette an Crêmes, Kuchen und Törtchen. Die beliebteste Zutat ist die Mandel *(almendra)*, die an den sonnigen Hängen im Nordwesten wächst. Sie wird gemahlen, anschließend zum leckeren *Mousse bienmesabe*, zu Marzipan oder Mandelmakronen verarbeitet. Der Renner ist *queso de almendras* (Käse-Mandel-Kuchen)!

Reiseinfos von A bis Z

Anreise

Mit dem Flugzeug
Fast alle Urlauber kommen mit dem Flieger, die Flugzeit ab Mitteleuropa beträgt 4–5 Stunden. Viele Flughäfen Deutschlands, Österreichs und der Schweiz, Belgiens und der Niederlande unterhalten Direktverbindungen nach La Palma. Der Preis liegt bei 120–350 € pro Strecke, am günstigsten außerhalb der Weihnachts- und Osterferien.

Mit Buchungsportalen wie www.billigflieger.de und www.swoodoo.com kann man sich für den gewünschten Termin die beste Verbindung heraussuchen. Frühbucher zahlen meist weniger!

Ankunft und Transfer
Der Flughafen von La Palma liegt im Osten der Insel, 8 km südlich der Hauptstadt. Urlauber, die pauschal gebucht haben, werden vom Reiseveranstalter per Bus zur Unterkunft gebracht. Die Transferzeit nach Los Cancajos beträgt zehn Minuten, nach Fuencaliente und Puerto Naos etwa eine Stunde. Wer individuell reist, kann am Flughafen auf eine gute Infrastruktur zurückgreifen. In der Ankunftshalle gibt es eine Touristeninformation, einen Geldautomaten und mehrere Autovermietungen. Mit dem **Leihwagen** kommt man auf der LP-2 rasch in den Süden, auf der LP-3 in den Westen und auf der LP-5 nach Santa Cruz.

Taxis warten vor dem Hallenausgang; sollen Mountainbikes und anderes sperriges Gepäck befördert werden, so muss man das Taxiunternehmen im voraus kontaktieren (Tel. 686 553 868, www.taxilapalma.com). Der **Bus** der Linie 500 fährt von 7.10 bis 22.40 Uhr alle 30–60 Minuten via Los Cancajos nach Santa Cruz, von dort geht es weiter in andere Orte der Insel (www.transporteslapalma.com).

Einreisebestimmungen
Es ist ein gültiger Personalausweis bzw. Reisepass mitzuführen. Kinder und Jugendliche brauchen einen eigenen Ausweis (mit Lichtbild und eigenhändiger Unterschrift), EU-Bürger können ohne *Residencia* sechs Monate auf La Palma bleiben, Schweizer ohne Visum bis zu drei Monate.

Zollbestimmungen: Für die Rückeinreise in ein EU-Land gelten folgende Mengenbeschränkungen (Mindestalter 17 Jahre): 200 Zigaretten oder 100 Zigarillos oder 50 Zigarren oder 250 Gramm Rauchtabak oder eine anteilige Zusammenstellung dieser Waren; 1 Liter Spirituosen (über 22 %) oder 2 Liter Spirituosen (bis 22 %), 4 Liter nicht schäumender Wein und 16 Liter Bier, außerdem Arzneimittel für den persönlichen Bedarf und andere Waren bis zu einem Wert von insgesamt 430 € (bei Reisenden unter 15 Jahren 175 €). Bei Schweizern darf der Gesamtwert der mitgeführten Waren 300 Franken nicht übersteigen. Die Einfuhr von Tier- und Pflanzenarten, die vom Aussterben bedroht sind, ist verboten.

Haustiere: Zur Einreise mit Hund oder Katze benötigt man einen EU-Heimtierausweis. Die Tiere müssen durch eine deutlich erkennbare Tätowierung oder einen Mikrochip gekennzeichnet sein. In einem Begleitdokument muss der gültige Impfschutz gegen Tollwut nachgewiesen werden.

Reiseinfos von A bis Z

Feiertage

1. Januar: Año Nuevo (Neujahr)
6. Januar: Reyes (Dreikönigsfest)
1. Mai: Fiesta del Trabajo (Tag der Arbeit)
30. Mai: Día de las Canarias (Tag der Kanaren)
25. Juli: Santiago Apóstol (St. Jakob)
15. August: La Asunción de la Virgen (Mariä Himmelfahrt)
12. Oktober: Día de la Hispanidad (Tag der Entdeckung Amerikas)
1. November: Todos los Santos (Allerheiligen)
6. Dezember: Día de la Constitución (Tag der Verfassung)
8. Dezember: Inmaculada Concepción (Mariä Empfängnis)
25. Dezember: Navidad (Weihnachten)
Bewegliche Feiertage sind **Gründonnerstag** (Jueves Santo), **Karfreitag** (Viernes Santo), und **Fronleichnam** (Corpus Cristi). Jede Gemeinde kann zusätzlich zwei lokale Feiertage festlegen.

Feste und Festivals

Jan./Feb.: Festival de Música de Canarias. Das renommierte internationale Festival, das hauptsächlich auf Teneriffa und Gran Canaria stattfindet, organisiert auch ein paar Konzerte auf La Palma, www.festivaldecanarias.com.
Feb./März: Fiesta de Carnaval. Den besten Karneval zwischen Rio und Köln erlebt man auf den Kanaren – auf La Palma geht es vor allem in Santa Cruz und Los Llanos de Aridane hoch her. Etwas ganz Besonderes ist der in der Hauptstadt gefeierte ›Tag der Indianer‹ (s. S. 10).
März/April: Semana Santa. Am Gründonnerstag (Jueves Santo) und besonders am Karfreitag (Viernes Santo) finden in Santa Cruz Prozessionen statt. Feierliche Umzüge erlebt man auch in Los Llanos de Aridane und Tazacorte.
Juni: Fiestas de Corpus Christi. Zu Fronleichnam lohnt die Fahrt nach Villa de Mazo, wo Plätze und Gassen mit Blumenteppichen ausgelegt werden.
13. Juni: Fiesta de San Antonio del Monte. Am Samstag, der dem 13. Juni am nächsten liegt, findet in Garafía ein Fest mit Viehmarkt, Käsemesse und Prozession statt.
23./24. Juni: Fiesta de San Juan. In der längsten Nacht des Jahres werden vielerorts Johannisfeuer entzündet, man feiert bis zum Morgengrauen.
Juli: Fiesta del Carmen. Zu Ehren der Schutzheiligen der Fischer wird ihre Figur in Schiffsprozessionen übers Meer gefahren – ein großes Fest in fast allen Fischerorten!
Juli/Aug.: Bajada de la Virgen. Das Fest der Schutzpatronin wird alle fünf Jahre, das nächste Mal 2020 gefeiert (s. S. 39)
Aug./Sept: Fiesta del Pino. Ein kleineres Fest zu Ehren der Kiefernjungfrau findet jedes Jahr Anfang Sept. statt, die mehrwöchige große Fiesta nur alle drei Jahre (s. S. 105).
Nov.: Fiesta de San Andrés. Nach der Lese werden die Weinkeller geöffnet; man trinkt junge Tropfen und isst geröstete Esskastanien.
Dez.: Navidad. Vielerorts werden aufwändige Krippen *(belenes)* aufgestellt, Musiker in historischem Kostüm *(parranderos)* ziehen durch die Straßen und am 24. 12. gehen fromme Katholiken zur Mitternachtsmesse *(misa del gallo)*.

Geld

Spanien ist ein Euroland. Am Geldautomaten *(cajero automático/telebanco)*

Reiseinfos von A bis Z

kann man mit EC/Maestro- bzw. Kreditkarte plus Geheimnummer Geld ziehen. Erkundigen Sie sich aber vor der Reise bei Ihrer Bank nach den (oft happigen) Gebühren. Alle größeren Hotels, aber auch viele Geschäfte, Restaurants und Autoverleihfirmen akzeptieren Kreditkarten. Das Preisniveau auf La Palma entspricht dem in Mitteleuropa.

Gesundheit

EU-Bürger, die im Besitz der Europäischen Krankenversicherungskarte (EHIC) sind, werden in allen örtlichen Gesundheitszentren *(centros de salud)* kostenlos behandelt und erhalten, wenn nötig, eine Überweisung zum Facharzt. Auch Notversorgungen im Krankenhaus sind kostenfrei. Das Inselkrankenhaus befindet sich an der Straße Santa Cruz–Los Llanos, **Hospital General de La Palma:** Buenavista de Arriba, Tel. 922 18 50 00. Wer einen Privatarzt aufsucht, zahlt die Rechnung vor Ort und lässt sich die Kosten später von der Versicherung erstatten – aber bitte die detaillierte Rechnung *(factura)* nicht vergessen! Da nicht alle Leistungen im kassenüblichen Rahmen abgedeckt sind, empfiehlt sich der Abschluss einer privaten Auslandskrankenversicherung ohne Selbstbeteiligung.

Im Umkreis von El Paso, Santa Cruz und Breña Baja gibt es zahlreiche deutsche Privatärzte; ihre Visitenkarten liegen in Info-Büros und Hotels aus. Claus Voss (www.clausvoss.de) betreibt eine moderne Dialysestation in Tazacorte.

Informationsquellen

Spanische Fremdenverkehrsämter im Ausland
Zentrale Website von Turespaña: **www.spain.info**
10707 Berlin: Lietzenburgerstr. 99, Tel. 030 882 65 43
60323 Frankfurt/Main: Myliusstr. 14 Tel. 069 72 50 33
80051 München: Postfach 15 19 40 Tel. 089 53 07 46 11
1010 Wien: Walfischgasse 8 Tel. 01 512 95 80-11
8008 Zürich: Seefeldstr. 19 Tel. 044 253 60 50

Informationen auf La Palma
Die Hauptstadt Santa Cruz sowie die Ferienorte Los Cancajos, Puerto Naos und Fuencaliente haben Info-Büros eingerichtet, weitere Infostellen gibt es am Flughafen, in El Paso, Los Llanos und Tazacorte. Dort erhält man den aktuellen Busplan, viele Tipps und Broschüren. In Hotels und Geschäften liegen deutsch- und mehrsprachige Zeitungen und Zeitschriften aus, die über das neueste Geschehen auf La Palma berichten. Im 14-tägigen Rhythmus erscheint das deutsch-spanische Nachrichten- und Anzeigenblatt D'Ocasion, www.d-ocasion.net.

Informationen im Internet
www.visitlapalma.es
Der Webauftritt der Inselregierung mit dem aktuellen Kulturprogramm, einer Vielzahl von Hinweisen auf Astro-Tourismus und andere Freizeitaktivitäten sowie einer Bilder- und Videogalerie.
www.la-palma-aktuell.de
Inselnachrichten der vergangenen Wochen, aktuell aufbereitet von Ingrid und Matthias Siebold, unterhaltsam zu lesen!
http://larutadelbuenyantar.com
Ausgewählte Restauranttipps auf La Palma in spanischer Sprache.
www.senderosdelapalma.com
Auf dieser Seite werden die wichtigsten Daten zu den markierten Inselwegen genannt, dazu gibt es Hinweise auf Be-

sucherzentren, Zeltplätze, Herbergen und Schutzhütten.
www.benahoare.com
Künstler und Kunsthandwerker aus der Gegend um Tijarafe präsentieren ihre Arbeit.
http://transporteslapalma.com
Auf dieser Webseite findet man sämtliche Busverbindungen auf der Insel La Palma.
www.wetteronline.de/wetter/la-palma
Informationen zur aktuellen Wetterlage, UV-Index und Windvorhersage.

Kinder

Die besten Küstenstandorte
Flach abfallende Sandstrände, teilweise durch Wellenbrecher geschützt, findet man im Osten nur in Los Cancajos, im Westen in Puerto Naos und Puerto de Tazacorte.

Die Hotelstadt bei Los Canarios bietet eine große Pool-Landschaft; nahebei gibt es einige schöne Badebuchten.

Kindgerechte Unterkünfte
Von den großen Ferien-Resorts kennt man Mini-Clubs, Spielplatz, Plantschbecken oder ein Büfett, an dem sich Kinder frei bedienen können. Auf der ›Isla Bonita‹ findet man so etwas nur in den Großhotels La Palma & Teneguía Princess in Los Canarios, im Hotel Sol in Puerto Naos und im Hotel Taburiente in Los Cancajos.

Eine gute Alternative zum Hotel sind auf La Palma die Fincas und Landhäuser, wo Kinder viel Platz haben, laut sein und herumtoben können. Viele Häuser verfügen über einen Garten oder liegen mitten in der Natur, die es Spaß macht zu erkunden. Von den Einheimischen werden die ›kleinen Blondschöpfe aus dem Norden‹ begeistert aufgenommen!

Unternehmungen mit Kindern
Bootstouren: Welches Kind hätte nicht Lust, sich auf die Suche nach Walen zu begeben oder im Piratenschiff die Küste zu erkunden? Im Hafen von Puerto de Tazacorte starten mehrere Touren.

Naturparks und Zoos: Beim Ausflug über die Insel entdeckt man einen kleinen Zoo bei Buenavista. Genügend Vorsicht vorausgesetzt, können Kinder auch bei einigen Wanderungen dabei sein. So etwa bei der Runde um La Cumbrecita am Rand des imposanten Kraters (s. S. 106). Die Los-Tiles-Tour (s. S. 96) führt in den Lorbeerwald, die Tour von La Zarza zu geheimnisvollen Felszeichnungen (s. S. 88). Einen Abenteuerspielplatz entdeckt man mitten im Kiefernwald: Die Zona recreativa El Pilar liegt südlich des Tunnels (Straße LP-301) und verfügt über rustikale Wippen, Schaukeln und Kletterwände. Eindrucksvoll ist für viele Kinder auch eine Fahrt aufs Dach der Insel, wo sie eine Science-Fiction-Landschaft aus weißen und silbergrauen Teleskopen sehen (s. S. 83).

Museen: Im multimedial aufbereiteten Besucherzentrum des Nationalparks können Kinder auf viele Knöpfe drücken, um die Flora und Fauna der Insel kennenzulernen. In Santa Cruz wartet das Inselmuseum mit dem Originalskelett eines Wals auf, das Schifffahrtsmuseum befindet sich (schon deshalb interessant!) im Bauch eines nachgebauten Schiffs.

Für Kinder billiger
Im Bus und im Boot, beim Besuch von Museen und sonstigen Attraktionen gilt für Kinder bis 12 (manchmal auch 14) ein ermäßigter Tarif, meist fünfzig bis sechzig Prozent des Preises für Erwachsene.

Reiseinfos von A bis Z

Klima und Reisezeit

La Palma ist ein ganzjähriges Reiseziel aufgrund der südlichen Lage im Atlantik, die für ein ausgeglichenes Klima sorgt. Der Frühling auf der Insel ist ›ewig‹, tagsüber hat man – allerdings nur an der Küste – Temperaturen von 20–26 °C, nachts 12–18 °C.

In mittleren und höheren Lagen der Insel ist es kühler – im Winter kommt es es in den Gipfellagen sogar zu Schneefall. Bei der Planung sollte man bedenken, dass es aufgrund des Passats (s. S. 6) im Nordosten meist kühler und wolkiger ist als im Südwesten. Doch selbst dort zeitweilig mit Niederschlägen zu rechnen; zwischen November und Februar kann der Regen so heftig sein, dass es zu Erdrutschen kommt.

Für Wanderer lohnt ein Besuch der Insel im Frühling. Er beginnt mit der Mandelblüte Ende Januar und setzt sich über die Orangenblüte im März bis in den April fort – dann ist die ganze Luft vom Duft blühender Kräuter und Blumen erfüllt!

Klimadiagramm Santa Cruz

Öffnungszeiten

Banken und Post: Mo–Fr 9–14, Sa 9–13 Uhr
Geschäfte: Mo–Fr 9–13 und 17–20, Sa 9–13 Uhr, Supermärkte und Läden in Touristengebieten auch länger
Restaurants: 12/13–16 und 19/20–23 Uhr, manchmal auch durchgehend 12–23 Uhr
Museen: Mo geschl.
Kirchen: außerhalb der Messe meist 8–12 und 17–20 Uhr geöffnet

Rauchen

In geschlossenen öffentlichen Räumen (Bars, Cafés, Discos) ist Rauchen verboten. In Hotels darf nur noch in speziell dafür vorgesehenen Räumen zum ›Stummel‹ gegriffen werden.

Reisen mit Handicap

La Palma ist schlecht auf Behinderte eingestellt, Rollstuhlfahrer sind auf die Hilfe von Begleitpersonen angewiesen. Zu den wenigen positiven Ausnahmen zählt das Aparthotel Las Olas in Los Cancajos (s. S. 43) mit vier behindertengerechten Zimmern, alle Räumlichkeiten sind über Rampen erreichbar.

Sport und Aktivitäten

Aktivurlaub
La Palma ist eine Insel für Aktivurlauber. In den letzten Jahren haben sich vor allem Wanderer in die Berglandschaft der Caldera verliebt.

Aber auch Mountainbiker, Paraglider und Taucher kommen auf ihre Kosten: Der ›Minikontinent‹ bietet jeden Tag ein neues Highlight!

Reiseinfos von A bis Z

Sicherheit und Notfälle

La Palma ist ein ruhiges, sicheres Reiseziel. Freilich sollte man auch hier keine Gegenstände im Mietwagen offen sichtbar liegen lassen und zum Strand keine Wertsachen mitnehmen. Sollte es zu einem Diebstahl kommen, muss man sich von der örtlichen Polizei ein Protokoll ausstellen lassen, um den Schaden bei der Versicherung zu melden.

Wichtige Telefonnummern:
Notruf: 112 (zentrale Gratis-Notrufnummer für Unfall, Krankheit, Feuer, Überfall, rund um die Uhr besetzt, auch in deutscher Sprache).
Karten sperren: Tel. 0049 116 116 oder 0049 30 40 50 40 50, www.karten sicherheit.de (Sperren von EC- und Kreditkarten sowie Mobiltelefonen)

Deutsches Konsulat Las Palmas: Tel. 928 49 18 80, www.las-palmas.diplo.de
Österreichische Botschaft Madrid: Tel. 91 556 53 15,
www.bmeia.gv.at/botschaft/madrid.html
Schweizer Botschaft Madrid: Tel. 91 436 39 60, www.eda.admin.ch/madrid

Pannenhilfe:
ADAC: Tel. 0049 89 22 22 22, www.adac.de
ÖAMTC: Tel. 0043 12 51 20 00, www.oeamtc.at
TCS: Tel. 0041 58 827 22 20, www.tcs.ch

Baden
Ausgedehnte weiße Sandstrände gibt es auf La Palma nicht. Dafür findet man – vor allem im Südwesten – kleine, teilweise unter Klippen versteckte Badebuchten mit schwarzer Lava oder grobem Kies. Die Wassertemperatur liegt im Winter bei 18–19 °C, in den Sommermonaten ist sie um 3–4 Grad höher.

Doch ist Vorsicht geboten: Jedes Jahr kommen auf der Atlantikinsel zahlreiche Touristen ums Leben, weil sie sich zu weit hinauswagen und die Strömung unterschätzen.

Verbrennung droht bei Berührung mit der Feuerqualle: Das durchsichtige kleine Ungeheuer wird *agua viva* (lebendiges Wasser) genannt; es zeigt sich selten an La Palmas Küsten, doch wenn es kommt, dann nie allein – der Einfall ist dem einer mächtigen Armada vergleichbar.

An großen Touristenstränden werden Flaggen gehisst, die beachtet werden sollten. Grün signalisiert: Baden ist erlaubt; bei Gelb sollten sich nur geübte Schwimmer ins Meer wagen; wird die rote Fahne aufgezogen, ist das Baden verboten.

Die Gezeitenübersicht ist in den deutschsprachigen Zeitschriften vor Ort abgedruckt.

Bootsausflüge
Ab Puerto de Tazacorte im Inselwesten werden Panorama- und Delfinfahrten angeboten.

Gleitschirmfliegen
Im Pavillon im Südabschnitt der Promenade von Puerto Naos treffen sich Pilo-

Reiseinfos von A bis Z

ten und solche, die es werden wollen, bei Javier, dem spanischen Vizemeister im Tandemgleitschirm.

Wer eine Prüfung an einer zugelassenen Flugschule abgelegt hat, lässt sich über Start- und Landeplätze auf der Insel informieren. Die besten liegen unterhalb des Kamms der Cumbre Vieja, zum Beispiel bei Las Indias und in Jedey.

Verfügt man selber über kein Diplom, kann man an der Seite eines Experten zumindest einen Tandemflug buchen. Mit dem Gleitschirmpiloten startet man auf einem Gebirgszug in 250 m Höhe. Der Flug dauert gut zehn Minuten. **Palmaclub:** Paseo Marítimo s/n, Tel. 610 69 57 50, www.palmaclub.com.

Radfahren

Bikern wird einiges abverlangt: Von Meereshöhe fahren sie bis in alpine Regionen in 2000 m Höhe. Spezialisten für geführte Renn- und Mountainbike-Touren findet man in den Bike-Stationen von Puerto Naos und Los Llanos. Je nach Kondition stehen unterschiedliche Touren zur Wahl. Per Kleinbus wird man in die landschaftlich attraktivsten Regionen gebracht, danach geht es im Marathon bzw. Downhill weiter.

Oder man leiht sich einfach nur einen Drahtesel und plant seine eigene Tour...

Wandern

Auf La Palma kann das ganze Jahr über gewandert werden, sechs Herbergen

Die schönsten Strände und Badebuchten

Puerto Naos (▶ C 8): Meistbesuchter Strand der Insel mit dunklem Sand und Lavakiesel, Palmen sorgen für exotisches Flair. Er ist über 500 m lang und gesäumt von Hotel- und Apartmentanlagen. Sonnenschirme sind ausleihbar, ein Rettungsdienst befindet sich vor Ort. FKK-Freunde fahren knapp 2 km südwärts: in **Las Monjas** (▶ C 9), der 130 m langen, von zwei Felsarmen geschützten ›Bucht der Nonnen‹, wird das Nacktbaden toleriert. Noch weiter südlich liegt der schöne Strand **Charco Verde** (▶ C/D 9).
Tazacorte (▶ B 7): Nach Fertigstellung der Hafenanlagen mitsamt ihren Wellenbrechern lockt der neue Strandabschnitt mit seinem künstlich aufgeschütteten Sand immer mehr Urlauber an. Bleibt zu hoffen, dass der Strand zukünftigen Winterstürmen nicht zum Opfer fällt!
Playas de La Zamora (▶ D 10): Doppelstrand mit vorgelagerten Felsen – eine von sieben ruhigen Badebuchten im Südwesten. Er ist über die bei Las Indias zur Küste führende kurvige Straße zu erreichen.
Los Cancajos (▶ G 7): Zwei kleine Badebuchten im Osten mit künstlich angelegtem Sandstrand und Wellenbrechern. Das mit Natursteinen abgeteilte Becken ist ideal für Kleinkinder.
Charco Azul (▶ G 2): Meeresschwimmbecken nördlich von San Andrés mit zugehöriger Bar.
Playa de Nogales (▶ G 4): Ein schöner, bei starkem Seegang freilich nicht ungefährlicher Strand im Nordosten, unterhalb von Puntallana.
Piscina La Fajana (▶ F 1): In Lava gehauenes Naturschwimmbecken nahe Barlovento mit Umkleideräumen und Duschen, Liegen und Sonnenschirmen.

Reiseinfos von A bis Z

längs des GR-130 sollen es eines Tages möglich machen, die Insel im Rahmen einer Wochentour zu umrunden.

Besonders schön ist das Wandern im Frühjahr, wenn die Tage länger werden und sich die Weiden in Blumenteppiche verwandeln. Sehr attraktiv sind die Touren durch die zentrale Caldera, die Schluchten und Lorbeerwälder im Norden und zu den Vulkanen im Süden.

Beruhigend zu wissen, dass es auf den Kanaren weder Schlangen noch Skorpione gibt. Doch nicht zu unterschätzen sind die Gefahren, die vom Wetter ausgehen. Binnen weniger Minuten kann es sich in den Bergen dramatisch verschlechtern. Darum sollte man in höheren Lagen immer Regenschutz, einen warmen Pullover und festes Schuhwerk dabei haben.

Vor einer anspruchsvolleren Tour empfiehlt es sich, den Wetterbericht *(prógnostico del tiempo)* zu konsultieren. Wird Regen vorhergesagt, sollte man auf die Caldera-Tour durch den Barranco de Las Angustias verzichten – in Windeseile verwandelt sich der enge Canyon in eine Wildwasser-Klamm, aus der es kein Entkommen gibt. Daher rührt wohl auch der Name ›Schlucht der Ängste‹.

Um den sanften Tourismus zu fördern, hat die Inselregierung ein Netz von Wanderwegen geschaffen (www.senderosdelapalma.com): Diese sind farbig markiert, an Gabelungen und Kreuzungen wurden Wegweiser aufgestellt.

Sehr beliebt ist der Höhenweg auf dem Gipfelgrat *(camino de la cumbre)*, Stichwege führen von der Küste zum Kamm hinauf *(caminos radiales)*. Die *caminos reales de medianías* sorgen für die Verbindung zwischen den in mittlerer Hanglage liegenden Dörfern. Und wollen Sie sich auf einer Höhe zwischen 1000 und 1300 m ohne große Höhenunterschiede bewegen, so folgen Sie den *caminos de traviesa*. Auf der Karte ›Red de Senderos de La Palma‹, die man in Informationsbüros erhält, sind alle wichtigen Routen eingetragen.

Benötigen Sie ein Taxi, so setzen Sie sich mit TAXILAPALMA in Verbindung (Tel. 686 55 38 68, www.taxilapalma.com).

Wer Wanderungen nicht auf eigene Faust unternehmen will, schließt sich einer geführten Tour an. Gruppenwanderungen organisiert z. B. der Veranstalter **NATOUR** mit Hauptsitz in Los Cancajos (Tel. 922 43 30 01, www.natour.travel) und einem täglich wechselnden Angebot von Touren unterschiedlicher Schwierigkeitsgrade. Auch schon seit Jahren aktiv ist Mike von **Graja-Tours**, Tel. 922 10 75 36, www.wandern-auf-la-palma.de.

In den großen Hotels kann man sich mit Diavorträgen auf Ausflüge einstimmen lassen.

Wassersport

La Palma hat nur einen einzigen nennenswerten Surfspot: die Playa Nueva nördlich von Puerto Naos.

Schlecht sind auf der Insel die Aussichten fürs Segeln, fürs Tauchen sieht es besser aus: Die Felsküste vor Los Canarios (Fuencaliente), an der glühende Lavaströme zu bizarren Grotten und Brücken erstarrten, ist reich sowohl an atlantischen wie auch tropischen Fischen, selbst Meeresschildkröten lassen sich manchmal dort blicken.

Deutsche Tauchschulen gibt es in Puerto Naos und Puerto de Tazacorte, Los Cancajos und Los Canarios.

Wellness

Bisher wartet nur das Hotel La Palma & Teneguía Princess (s. S. 55) mit einem Spa auf, das den Namen verdient. Es ist ausgestattet mit Sauna, Türkischem

Reiseinfos von A bis Z

Bad, Jacuzzi, Hydrojet-Massagen und Warmwasserbecken, der Körper wird mit Vichy-Duschen bestrahlt. Außerdem gibt es Massagen und Fango-Packungen, Kosmetik- und Körperbehandlungen wie Aroma-, Licht- und Farbentherapie.

Vorwahlen
nach Spanien: 0034
nach Deutschland: 0049
nach Österreich: 0043
in die Schweiz: 0041

Telefon und Internet

Alle Telefonnummern bestehen aus neun Ziffern, die Ortsvorwahl ist integriert. Festnetznummern beginnen mit einer 9, Handynummern mit einer 6. **Telefonzellen** funktionieren meist nur noch mit Telefonkarten *(tarjeta telefónica)*, erhältlich im Zeitungsladen.

Mobil telefonieren
Vodafone, Orange und Movistar sind die spanischen Netzbetreiber. Alle Handys funktionieren problemlos im Euro-Roaming, bei längerem Aufenthalt empfiehlt sich der Kauf einer spanischen Prepaid-Karte, um ankommende Telefonate nicht zahlen zu müssen.

Internet
WLAN-Hotspots werden in vielen Hotels zur Verfügung gestellt. Der Service ist allerdings meist kostenpflichtig. Auch Internet-Terminals sind teuer. Ist die Benutzung gratis, wird es in diesem Buch vermerkt. In den Ortsbibliotheken, z. B. in El Paso und Los Llanos de Aridane, muss man nichts zahlen.

Der Umwelt zuliebe – nachhaltig reisen

Die Umwelt schützen, die lokale Wirtschaft fördern, intensive Begegnungen ermöglichen, voneinander lernen – sozial verantwortlicher und umweltfreundlicher Tourismus übernimmt Verantwortung für Klima, Natur und Gesellschaft.
www.zukunft-reisen.de: Das Portal des Vereins Öko-Tourismus erklärt, wie man ohne Verzicht umweltverträglich reisen kann.

La Palma nachhaltig:
Wasser ist ein knappes Gut, das durch kilometerlange Stollen dem Inselinnern entnommen wird – sparsamer Umgang hilft der Umwelt!
Regionalprodukte kauft man am besten auf den Märkten von Villa de Mazo und Puntagorda: Hier sind die Waren frisch und haben den Vorteil, dass hauptsächlich die Erzeuger daran verdienen. Einheimisches Kunsthandwerk wird auch auf dem Flohmarkt von Argual (bei Los Llanos de Aridane) verkauft: Schmuck aus Vulkanstein und Naturmaterialien (z. B. Drachenbaumsamen), mundgeblasenes Glas, Schnitz- und Keramikarbeiten.
Kulinaria aus Bio-Anbau erhalten Sie in den Bio-Läden von Santa Cruz und Puntagorda, El Paso und Los Llanos de Aridane: Honig, Mandelmousse, Marmeladen aus Kaktusfrüchten, Mango und Papaya, Mojo-Soßen und Chutneys, den köstlichen Ziegenkäse und natürlich auch Wein!

Reiseinfos von A bis Z

Verkehrsmittel

Bus
Busse heißen auf La Palma *guaguas,* den Fahrplan kann man unter www.transporteslapalma.com einsehen. Um 20 % verbilligen sich die Fahrten mit dem Bono-Bus-Ticket, einer übertragbaren, mit 10 € aufladbaren Chipkarte (Mindestbetrag derzeit 10 €). Für 1 € Pfand ist die Karte beim Busfahrer, in Kiosken oder am Busbahnhof von Los Llanos erhältlich. Der Fahrpreis, für jede Strecke neu zu entrichten, wird von der Karte abgebucht.

Mietwagen
Aufgrund der großen Konkurrenz ist die Automiete günstig, ab drei Tagen gibt's Rabatt (ca. 25–30 € pro Tag inkl. Steuer und Versicherung). Verleihstationen gibt es am Flughafen und in allen größeren Orten.

Vorzulegen sind Ausweis und nationaler Führerschein, gezahlt wird mit Kreditkarte (sonst Kaution). Um ein Auto zu bekommen, muss man 21 Jahre alt sein und eine Fahrpraxis von zwei Jahren vorweisen können.

Die namhafteste kanarische Firma ist CICAR, die Filialen am Flughafen und an Fährhäfen unterhält (Tel. 928 82 29 00, http://online.cicar.com).
Tanken: Tankstellen *(gasolineras)* sind 7–20 Uhr geöffnet, So aber nur an viel befahrenen Straßen. Sprit ist bedeutend günstiger als auf dem Festland, Bleifrei 95 etwa kostet ca. 1 €.

Verkehrsregeln
In Ortschaften darf höchstens 50 km/h, auf Landstraßen 90 km/h gefahren werden. Im Auto sind zwei Warndreiecke mitzuführen und im Bedarfsfall aufzustellen. Es besteht Gurtpflicht, für Kinder unter drei Jahren sind Kindersitze vorgeschrieben. Ein gelb angestrichener Bordstein bedeutet Parkverbot, die Farbe Blau signalisiert, dass hier das Parken kostenpflichtig und nur mit Parkschein erlaubt ist.

Das Linksabbiegen ist oft durch eine Abbiegeschleife geregelt. Telefonieren ist nur mit Freisprechanlage erlaubt, die Promillegrenze liegt bei 0,5 (für Führerscheinneulinge bis zu zwei Jahren bei 0,3). Tagsüber ist das Fahren mit Licht untersagt.

Taxi
Auf einer für den Beifahrer gut sichtbaren Preisliste sollten die aktuellen Tarife (plus Hafen-, Feiertags-, Nacht- und Gepäckzuschlag) verzeichnet sein.

Der Fahrpreis wird mit dem Taxameter berechnet, doch ist darauf zu achten, dass dieser erst nach dem Einsteigen eingeschaltet wird. Der Mindesttarif beträgt etwa 2,80 €, dazu kommt noch gut 1 € pro Kilometer.

Unter www.taxilapalma.com sind alle Tarife gelistet; auch Inselausflüge für bis zu acht Personen werden aufgeführt. Den Transport von Mountainbikes sollte man im Voraus buchen.

Fähren zu anderen Inseln
Von der Hauptstadt Santa Cruz fahren Auto- und Passagierfähren zu den Nachbarinseln. Zuverlässig arbeitet die Reederei Fred Olsen (www.fredolsen.es), die täglich nach Los Cristianos im Süden Teneriffas, aber nur einmal pro Woche nach Gomera fährt.

Langsamer sind die Verbindungen mit der Reederei Naviera Armas (www.navieraarmas.com).

Flüge zu anderen Inseln
Die Gesellschaften Binter (www.bintercanarias.com) und Canaryfly (www.canaryfly.es) fliegen mehrmals wöchentlich nach Teneriffa und Gran Canaria.

Unterwegs auf La Palma

Von der Abbruchkante schauen Sie in die Tiefe der Caldera de Taburiente – 1000 schwindelerregende Meter! Aus dem ›Hexenkessel‹ steigen bauschige Wolken auf, Sie sehen langnadelige Kiefern, die sich in die senkrecht abstürzenden Flanken krallen, schroffes Gestein einer gigantischen Felsarena!

Santa Cruz und der Südosten

Santa Cruz ▶ G 6, Cityplan S. 32

Viele sehen in der Hauptstadt Santa Cruz mit ihren 18 000 Einwohnern die schönste Stadt der Kanaren, die sich mit einem künstlich angelegten Strand schmücken darf. Seit 1990 steht der historische Kern unter Denkmalschutz, doch museal-verstaubt wirkt hier nichts. Entlang kopfsteingepflasterter Gassen reihen sich stattliche Bürgerhäuser mit hoch angesetzten Balkonen, Plätze unter schattigen Palmen laden zum Verweilen ein.

Santa Cruz drängt sich auf einer schmalen Küstenplattform: Vor ihr liegen die Weiten des Atlantiks, hinter ihr steigen grüne Steilhänge empor. Besucher lernen meist nur das untere Santa Cruz kennen, in dem stets die Wohlhabenden lebten. Spaß macht aber auch ein Bummel durch die oberen Viertel, die *barrios populares* mit ihren lauschigen Winkeln und kleinen Gärten.

Unmittelbar nach der spanischen Konquista wurde die Stadt gegründet: Am 3. Mai 1493 rammten die Sieger an der Küste ein ›heiliges Kreuz‹ *(santa cruz)* in die Erde. In den folgenden 150 Jahren war die Stadt Spaniens westlichster Vorposten im Atlantik und erlebte einen rasanten Aufstieg. Dabei hat ihr Reichtum immer wieder Piraten angelockt. 1553 wurde sie bei einem Angriff niedergebrannt, danach aber glanzvoll wieder aufgebaut und befestigt. Korsaren sollte es nie wieder gelingen sie einzunehmen. Selbst Francis Drake mit einer Flotte von 30 Schiffen und 4000 Mann wurde zurückgeschlagen. Erst der Niedergang des spanischen Kolonialreichs ab Mitte des 17. Jh. leitete auch den von Santa Cruz ein – langsam, aber stetig versank die Stadt in Bedeutungslosigkeit.

Plaza de la Constitución

Das Eingangstor zur Altstadt präsentiert sich als Schaltstelle des Handels und des Verkehrs. Mit Obst und Bananen beladene Lastwagen fahren zur Hafenmole, im Gegenzug kommt all das herein, was auf der Insel zum Leben gebraucht wird. Schaut man zum Hafen, sieht man Kräne und Container, Großfähren und Kreuzfahrtschiffe. Auf der Landseite steht das stattliche Postamt, auf einer grünen Verkehrsinsel der Glaspavillon der Touristeninformation.

Calle O'Daly

Die verkehrsberuhigte Flaniermeile von Santa Cruz ist eine von Bürgerhäusern gesäumte Prachtstraße, benannt nach einer irischen Kaufmannsfamilie. Bei den Palmeros ist sie besser bekannt als Calle Real, die ›Königliche‹. Banken und wichtige Unternehmen haben hier ihre Büros eingerichtet, daneben gibt es Bars, trendige Cafés, Ausstellungssäle und altertümliche Läden.

Casa Salazar [1]

Calle O'Daly 22, Mo–Fr 9–20, Sa 9–14 Uhr

Mit seiner unverputzten Natursteinfassade macht das Kolonialgebäude aus

Santa Cruz

dem 17. Jh. einen wuchtigen Eindruck. Doch drinnen wirkt alles leicht und erfrischend: Der Innenhof ist von vierstöckigen Holzgalerien umschlossen, in seiner Mitte plätschert ein Brunnen. Im Erdgeschoss wird palmerisches Kunsthandwerk mit Gütesiegel verkauft; in den oberen, mit Holzkassettendecke abgeschlossenen Räumen finden wechselnde Ausstellungen statt.

Plaza de Santo Domingo

Über eine von der Calle O'Daly abzweigende Treppengasse steigt man zum Dominikanerplatz und der gleichnamigen Kirche, der **Iglesia de Santo Domingo** 2 hinauf. Sie wurde im 16. Jh. erbaut und besticht durch eine aufwendig gestaltete Holzdecke und ausdrucksstarke Holzskulpturen, die palmerische Kaufleute aus Flandern mitgebracht hatten. Vor der Kirche findet alle 5 Jahre (das nächste Mal 2015) der skurrile Maskentanz der Zwerge statt, der an die Dürrekatastrophe von 1676 erinnert. An der Nordseite des Platzes steht das **Teatro Circo de Marte** 2, ein Konzertsaal anno 1913 mit mehrgeschossigen Galerien und Kuppeldecke. Schlicht ist das benachbarte **Museo de Arte Contemporáneo** 3, das zeitweilig für Sonderausstellungen geöffnet ist.

Plaza de España 4 – 7

direkt 1 S. 34

Placeta de Borrero

Jenseits der Plaza de España setzt sich die Flaniermeile unter dem Namen Calle Anselmo Pérez de Brito fort. Leicht abschüssig mündet sie in die Placeta de Borrero: Rings um den kleinen Platz stehen pastellfarbene Häuser, mittendrin ein Wasserbrunnen und dazu schattenspendende Palmen – im windgeschützten Winkel vor dem Bistro **La Placeta** 1 legt man gern eine Pause ein.

Casas de los Balcones 8

Eine schmale Passage führt zur Avenida Marítima, wo sich mehrere schöne, im 16. Jh. erbaute Balkonhäuser aneinander reihen. Mit ihrem bun- ▷ S. 36

Ein schöner Platz zum Verweilen: die Placeta de Borrero

Santa Cruz

Sehenswert

1. Casa Salazar
2. Iglesia de Santo Domingo
3. Museo de Arte Contemporáneo
4. Plaza de España
5. Ayuntamiento
6. Casa Pinto
7. Iglesia del Salvador
8. Casas de los Balcones
9. Museo Insular
10. Museo Naval

Übernachten

1. La Fuente
2. San Telmo

Essen und Trinken

1. La Placeta
2. Casa Indianos
3. La Bodeguita del Medio
4. Habana Café

Einkaufen

1. Mercado
2. Hierba Buena
3. Casa Salazar

Ausgehen

1. Teatro Chico
2. Teatro Circo de Marte

1 | Palmen und Paläste – die Plaza de España in Santa Cruz

Karte: ▶ G 6 | **Cityplan:** S. 32

Ein Platz wie eine Bühne: mit Logensitzen unter Renaissance-Arkaden, Bilderbuchkulissen und einer kolossalen Freitreppe, die zur Erlöserkirche hinaufführt. Gespielt wird das Stück ›Müßiggang‹, und Hunderte von Tauben sind die Statisten.

Sprungbrett nach Amerika

Man staunt, dass sich eine so kleine Stadt auf einer ›weltverlorenen‹ Atlantikinsel solche Schmuckstücke leisten konnte – und dies kurz nach der *Conquista!* Der Grund ist rasch genannt:

Santa Cruz war der letzte Hafen, den alle Schiffe per königlichem Dekret anlaufen mussten, bevor sie zur zweiwöchigen Atlantikpassage in die Neue Welt aufbrachen. Hier versorgten sich die Seeleute mit Proviant und nahmen Exportgüter wie Zucker und Wein an Bord. Auch mussten sie sich in Santa Cruz registrieren lassen, Waren auflisten und Zoll entrichten. Der Handel mit den Kolonien im Amerika war eine Quelle unermesslichen Reichtums und wurde von der spanischen Krone streng kontrolliert – nur wenige Städte durften daran teilhaben.

Santa Cruz gehörte neben Sevilla und Antwerpen (das damals zu Spanien gehörte) zu den Privilegierten und wurde westlichster Vorposten im Atlantik, ein Sprungbrett nach Amerika. 1558 wurde gar das Oberste Gericht des überseeischen Reiches in Santa Cruz eingeweiht, da es auf halbem Weg zwischen den Kolonien und dem spanischem Mutterland lag. Lang dauerte es nicht, da lockte der Ruf des schnellen Geldes ein buntes Völkchen an. Wenig schmeichelhaft berichtet über sie der im 16. Jh. auf die Insel entsandte Festungsbaumeister Leonardo Torriani:

1 | Plaza de España

»Diese Stadt wird von Portugiesen, Kastilliern, Flamen, Franzosen und einigen Genuesern bewohnt. Es sind eitle, prunkliebende, stolze, unkluge und unbeständige Leute, untreu in ihren Freundschaften.« La Palmas goldene Zeit reichte bis 1657, als der König das Privileg widerrief, um es der Nachbarinsel Teneriffa zu verleihen. Das Datum markierte für die Insel einen dramatischen Epochenwandel: Vom atlantischen Vorposten eines Imperiums sank sie zu einem unbedeutenden Provinznest hinab.

Unten am Platz

Die Architektur bewahrt den verflossenen Glanz. Die **Plaza de España** 4 hat einen unregelmäßigen Grundriss, was aber nicht stört, da die Gebäude ringsum wie aus einem Guss wirken: kleine Paläste mit Steinmetzarbeiten und holzgeschnitzten Balkonen.

Am schönsten ist das **Ayuntamiento** 5 (Rathaus), unter dessen Renaissance-Arkaden ältere Männer plaudernd den Tag verbringen. Es lohnt sich, einen Blick in sein Inneres zu werfen, wo im Treppenhaus expressionistische Wandmalereien von Mariano de Cossío (1890–1960) den Alltag palmerischer Bauern schildern. Eine Marmortafel erinnert daran, dass hier im Jahr 1773 das erste demokratisch gewählte Stadtparlamant Spaniens (!) seine Arbeit aufnahm.

Rechts neben dem Rathaus hatte von 1558 bis 1657 das *Juzgado de Indias*, das Oberste Gericht des spanischen Großreichs, seinen Sitz – leider kann das Gebäude nicht besucht werden. Doch in das herrschaftliche Haus zur Linken des Rathauses, die **Casa Pinto** 6, können Sie eintreten: Der Innenhof ist von einer aus dem Kernholz der Kiefer geschnitzten Galerie gesäumt.

Oben auf der Bühne

Gegenüber dem Rathaus, etwas erhöht, weitet sich der Platz zu einer von Königspalmen beschatteten Esplanade. Raumfüllende Freitreppen verwandeln sich bei Konzerten und Kundgebungen in Sitzbänke. Steht kein öffentlicher Akt an, werden sie von Hunderten von Tauben belagert, die sich am trogartigen Brunnen mit Frischwasser versorgen.

Über Stufen steigt man hinauf zur **Iglesia del Salvador** 7 (Erlöserkirche) mit einem mächtigen Glockenturm aus Basalt und grotesken Wasserspeiern, die alles Böse fernhalten sollen. Man betritt die Kirche durch ein Renaissance-Säulenportal und findet sich in einem dreischiffigen Raum mit bemalten Holzdecken wieder.

Romantisch ist die »Verklärung« am Hauptaltar, gemalt 1837 von Esquivel; kurios der von der Bruderschaft dunkelhäutiger Slaven 1708 gestiftete »Cristo de los Mulatos« (Christus der Mulatten) in einer Seitenkapelle.

Vor der Kirche sind am Fuße eines Denkmals Bänke aufgebaut: Man sitzt im Schatten eines ›Ketzers‹ – des wegen seiner aufklärerischen Ideen verbannten Priesters Díaz Hernández (1774–1863), dem die Freimaurerloge posthum zu Ruhm verhalf …

Öffnungszeiten

Ayuntamiento 5: Plaza de España, www.santacruzdelapalma.es; Mo–Sa 9–13 Uhr.
Casa Pinto 6: Calle Anselmo Pérez de Brito 2, der Patio ist an Werktagen vormittags zugänglich.
Iglesia del Salvador 7: Plaza de España, tgl. 9.30–13, 17.30–19.30 Uhr.

Santa Cruz und der Südosten

ten Anstrich und den zweigeschossigen Holzbalustraden sind sie eine Augenweide!

Museo Insular 9
Plaza de San Francisco 3, Tel. 922 42 05 58, Mo–Sa 10–20, So 10–14 Uhr, Eintritt 4 €, Kinder bis 12 frei
Das Inselmuseum ist im restaurierten Franziskanerkloster aus dem 16. Jh. untergebracht. Die Säle gruppieren sich um zwei Patios und zeigen im Erdgeschoss Meerestiere, Vögel und Schiffsmodelle, im Obergeschoss Kunst ab dem 16. Jh. Highlight ist die Sammlung der Galerie Marbach mit Werken von Joan Miró, Antoni Tàpies u. a.

Plaza de la Alameda
Museo Naval: Tel. 922 42 65 50, meist Mo–Fr 10–14 Uhr, 3 €
Die Plaza mit *Kiosco* und Indischen Lorbeerbäumen ist ein beliebter Treff der Palmeros. Über die Nordseite gelangt man zum **Museo Naval** 10 mit dem *Barco de la Virgen*, einer in Beton gegossenen Nachbildung der Karavelle Santa María, mit der Kolumbus 1492 von den Kanaren aufbrach, die Neue Welt zu entdecken. Im Schiffsbauch sind Dokumente, Seekarten und kleine Schiffsmodelle zu sehen.

Las Nieves
Ausflug zur Wallfahrtskirche oberhalb von Santa Cruz: direkt 2 > S. 39.

Übernachten
Mitten im Leben – **La Fuente** 1: Calle Anselmo Pérez de Brito 49, Tel. 922 41 56 36, www.la-fuente.com, Ap. ab 39 €. Das denkmalgeschützte Haus in einem romantischen Winkel der Altstadt hat 10 gemütliche Apartments (incl. Sat-TV mit einigen Hundert Programmen, Gratis-WLAN); von der Dachter-

Der Bauch des Schiffs, eine Nachbildung von Kolumbus' Santa María, beherbergt das Museo Naval

rasse blickt man auf Häuser mit grünen Gartenhöfen und Türmchen. Die Zimmer werden bis auf Sonntag jeden Tag gereinigt, die Handtücher werden zweimal, die Bettwäsche einmal die Woche gewechselt. Gleichfalls buchbar: 7 attraktive Wohnungen in der ruhigen Altstadt, teils nahe am Meer, teils in der Oberstadt. Besonders zu empfehlen sind die Ap. Montecristo (ab Plaza de España 5 Min. bergauf; ab 46 €). Mona, Thomas und Rupert sind sehr engagiert und versorgen Gäste mit Tipps!

Minihotel – **San Telmo** 2: Calle San Telmo 5, Tel. 922 41 53 85, www.santelmo-lapalma.eu, DZ ab 70 €. Geschmackvoll eingerichtetes Hotel mit schönem Innenhof, von einigen der acht Zimmer sieht man in der Ferne das Meer.

Essen und Trinken

Am romantischen Platz – **La Placeta** 1: Calle Anselmo Pérez de Brito/Placeta de Borrero 1, Tel. 922 41 52 73, www.laplaceta.es, Mo–Sa 10–23 Uhr, Hauptgerichte ab 8 €. Ein beliebter Touristentreff: Man sitzt nahe einem Brunnen unter schattigen Palmen, bestellt ein Frühstück oder kleine Tagesgerichte und genießt frisch gepressten Orangensaft. Abends öffnet im Obergeschoss ein stilvolles Restaurant. Hier gibt es internationale Küche mit exotischem Touch.

Gegenüber vom Hafen – **Casa Indianos** 2: Av. de los Indianos 2, Mobiltel. 618 75 20 44, tgl. 10–24 Uhr, Hauptgerichte ab 7 €. Man kann draußen auf der Terrasse sitzen, schöner aber drinnen: in einem großen Raum mit Holzbalkendecken, die Ölgemälde von Luis Morera porträtieren Teilnehmer des Karnevalsfests Los Indianos. Es gibt fantasievoll abgewandelte palmerische Küche, Mo–Fr auch ein günstiges Menü.

Wie auf Cuba – **La Bodeguita del Medio** 3: Calle Álvarez de Abreu 58 (gegenüber vom Cabildo), Tel. 922 41 59 12, www.bdelm.es/la-bodeguita-del-medio, Mo–Sa 11–16, 19–1 Uhr, Tapas ab 3 €. Rustikal und gemütlich, eine der urigsten Adressen der Stadt. Hier gibt es wunderbaren Wein, nicht nur von der Insel, Käse- und Schinkenplatten. Abends trinkt man gern einen *mojito* oder tanzt zu kubanischer Musik. Wer schon einmal in Havanna war, fühlt sich an die Lieblings-Bodega von Ernest Hemingway erinnert. Tatsächlich wurde nach ihrem Vorbild die hiesige Bodeguita geschaffen – von aus Cuba zurückgekehrten Emigranten!

Gute Tapas – **Habana Café** 4: Calle Pérez de Brito 27, Tel. 922 41 03 17, Mo–Sa 8–23 Uhr. Das Café hat seine Tische auf der anderen Straßenseite an der Placeta de Borrero. Probieren Sie ein paar Tapas oder bestellen Sie etwas zu trinken und genießen die Atmosphäre des wunderschönen Platzes!

Einkaufen

Markt – **Mercado** 1: Av. del Puente 16, www.santacruzdelapalma.es/larecova, Mo–Sa 7–14 Uhr. In der historischen Markthalle ersteht man frisches Obst und Gemüse, Käse und Wein – fast alles kommt von der Insel!

Naturkost – **Hierba Buena** 2: Calle Dr. Santos Abreu 4, www.hierbabuena.info. Gut sortierter Bioladen nahe dem Markt mit allem, was das Herz begehrt: frisches Vollkornbrot, frisch gemolkene Milch und frische Eier, Honig, Ziegenkäse, Obst und Gemüse, Naturkosmetik und Sonnenschutz.

Kunsthandwerk – **Casa Salazar** 3: Calle O'Daly 8. Aufwändige Stickereien und Seidenwaren, Holz- und Lederarbeiten, Keramik, Korbflechterei und handgerollte Zigarren – alles aus Rohstoffen der Insel und hergestellt von Palmeros.

Santa Cruz und der Südosten

Fast alles in der historischen Markthalle von Santa Cruz kommt von der Insel

Ausgehen
Im Sommer spielt sich viel am Jachthafen vor dem C. C. La Marina ab, im Winter ist es ruhiger. Südländisch geht es nur während des Karnevals zu.
Theater und Konzerte – **Teatro Chico** 1: Av. del Puente/Calle Díaz Pimienta 1, www.cineteatrochico.com und **Teatro Circo de Marte** 2: Calle Virgen de la Luz 5, Tel. 922 49 00 07, www.teatrocircodemarte.es. Zwei historische Theater, das erste von 1866, das zweite von 1913, laden ein zu Theater- und Filmaufführungen, Klassik und Folklore.

Infos
Oficina de Turismo: Casa Cristal, Plaza de la Constitución s/n, 38700 Santa Cruz de La Palma, Tel. 922 41 21 06, www.visitlapalma.es, Mo–Fr 9–14 u. 16.30–19.30, Sa 9–14 Uhr. Im Pavillon am ›Verfassungsplatz‹ bekommt man aktuelle Broschüren und Veranstaltungstipps.

Termine
Höhepunkt des jährlichen Festreigens ist der südamerikanisch beeinflusste **Karneval** (s. S. 10). Mit der **Fiesta de la Santa Cruz** am 3. Mai gedenkt man der Stadtgründung am 3. 5. 1493. Schon am Vorabend werden die Mauerkreuze verziert und daneben *mayos*, groteske Puppen aufgestellt (s. S. 100). Alle fünf Jahre, das nächste Mal im Juli 2020, wird das Fest der Schutzpatronin, die **Bajada de la Virgen** gefeiert (s. S. 40).

Verkehr
Bus: Die zentrale Haltestelle befindet an der Plaza de la Constitución. Nach Los Llanos geht es direkt alle 30 Min. mit Linie 300, über die Nordachse alle 2–4 Std. mit Linie 100; mit Linie 200 alle 2 Std. nach Los Canarios, gut erreichbar sind auch Los Cancajos und der Flughafen mit Linie 500. Fahrplan: www.transporteslapalma.com.
Taxi: Tel. 922 41 60 70 (7–23 Uhr), Mobiltel. 606 54 79 54 (23–7 Uhr).

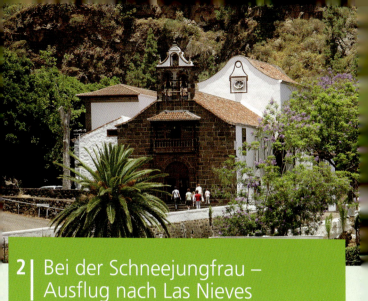

2 | Bei der Schneejungfrau – Ausflug nach Las Nieves

Karte: ▶ F 5 | **Anfahrt:** mit dem PKW über die LP-101 ab Santa Cruz

Im Rahmen eines Ausflugs mit dem Auto kann man die reichste Frau der Insel kennenlernen. Sie residiert in einer Wallfahrtskirche oberhalb der Hauptstadt Santa Cruz. Ihr kirchliches Refugium, das sie nur alle fünf Jahre verlässt, liegt in dichtem Grün an einer Felsklippe.

Der Ausflug zur Schneejungfrau beginnt am Nordausgang von Santa Cruz. An der Avenida Marítima folgt man der Ausschilderung Richtung Las Nieves. Über zahlreiche Kurven geht es aufwärts und aus der Stadt hinaus, nach etwa vier Kilometern ist der Wallfahrtsort erreicht.

Um einen steingepflasterten Platz mit Brunnen und hohen Araukarien stehen Herrenhäuser. Das eigentliche Schmuckstück aber ist das **Real Santuario de N.S. de Las Nieves** 1, die Kirche der Inselpatronin.

Schneejungfrau auf Sonneninsel

Jedes Kind auf La Palma lernt, was es mit der Schneejungfrau auf sich hat. Die Spuren weisen zurück nach Rom, wo die Muttergottes im Jahr 367 dem Papst erschien und ihn anwies, genau dort eine Kapelle zu bauen, wo in der kommenden Nacht Schnee fallen würde – und dies mitten im Sommer! Das Wunder geschah: Einer der römischen Hügel ward glitzernd weiß und ein neuer Marienkult geboren.

So gab es neben einer barmherzigen und schmerzensreichen nun auch eine Schneejungfrau namens Maria. Ihr Kult erblühte vor allem in Andalusien, da von dort der Konquistador Alonso Fernández de Lugo kam. 1483 war ihm mit Hilfe der Schneejungfrau die Eroberung Gran Canarias gelungen, sodass er ihr zum Dank Puerto de las Nieves, den ›Schneehafen‹ ins Leben rief. Und kaum hatte er 1496 La Palma in seine Gewalt

Santa Cruz und der Südosten

gebracht, gründete er auch hier einen Ort namens Las Nieves mitsamt Marienheiligtum. Ob er die 57 cm hohe, flämische Marienfigur selbst beisteuerte, ist unklar, doch weiß man, dass sich der Papst schon 1523 auf die Verehrung einer »Heiligen Maria auf La Palma« berief.

Großes Wunder

Das bedeutendste Marienwunder auf der Insel La Palma vollzog sich im Jahr 1636: Als die Insel unter einer großen, Monate währenden Dürre litt, ließ der Bischof die Heiligenfigur nach Santa Cruz tragen. Und siehe: Am nächsten Tag regnete es in Strömen. Seit jenem Jahr wird Maria bei allen Epidemien, Feuersbrünsten und Vulkanausbrüchen um Hilfe angerufen.

Damit es gar nicht erst zu Katastrophen kommt, findet alle fünf Jahre, (2020) die **Bajada de la Virgen** statt, der ›Abstieg der Jungfrau‹ in die Hauptstadt: Zuvor schon tragen Pilger den in Einzelteile zerlegten 2000 kg schweren silbernen Thron in die Iglesia del Salvador, wo Maria während der Festlichkeiten residiert. Während sie herabgeführt wird, werden vom Museumsschiff Kanonenschüsse abgefeuert.

Bei dem 40 Tage währenden Fest geht es um mehr als nur eine prächtige Prozession. Zur Schau gestellt werden die schönsten weltlichen Freuden – vom gigantischen Feuerwerk bis zum skurrilen Zwergentanz. Zur *Bajada* werden die Straßen der Stadt neu asphaltiert, es werden Museen eröffnet und im Eiltempo Gesetze verabschiedet: Wenn Zehntausende von Ex-Palmeros aus aller Welt kommen, will sich die Insel von ihrer besten Seite zeigen.

Königliches Heiligtum

In der Zeit zwischen den Festen empfängt die Schneejungfrau ihre Besucher in der ›königlichen Residenz‹ *(Real Santuario)*. Der Titel ist kein Witz, sondern von der spanischen Krone verliehen. Juan Carlos I. hat ihn bestätigt und seine Ehefrau zur ›Ehrendienerin der Jungfrau‹ gekürt, wobei er einmal mehr die engen Bande zwischen Königshaus und Kirche unterstrich.

Wer die Schneejungfrau sieht, ist überrascht, denn sie ist nicht weiß, sondern dunkel, hat mandelförmige Augen und einen strengen Mund. Das Jesuskind trägt sie im Arm, als sei es ein Fremdkörper. Kunsthistoriker versichern, dies sei kein Zeichen von Stiefmütterlichkeit, sondern ein Mangel an Dynamik, der typisch ist für eine Figur aus der Übergangszeit von Romanik zu Gotik.

Beschützerin der Seeleute

Die Schneejungfrau trägt ein Krönchen und ein mit Edelsteinen übersätes Gewand. Sie thront in einem Silberschrein, der in den 1707 geschnitzten Hauptaltar integriert ist. Gemälde illustrieren die von ihr vollbrachten Wunder, darunter erstaunlich oft die Errettung aus Seenot. Diese naiven, manchmal grotesken Bilder haben Matrosen für die Jungfrau malen lassen, um ihren Dank auszudrücken. Es ist die größte Kollektion maritimer Votivbilder auf den Kanaren. Eines dieser Gemälde entstand bereits 1639 und ist somit das älteste Spaniens.

»Liebe Maria, schick uns einen Blitz, damit wir die Küste sehen!« steht in einer Sprechblase auf einem der Bilder. Auf einem anderen Gemälde heißt es: »Madre mía de las Nieves – steh' uns bei!« Es heißt, Schiffe seien nach der ›Virgen Milagrosa‹ (Wundertätige Jungfrau) benannt worden, stets mit an Bord waren kleine Repliken der dunkelhäutigen Schönheit.

2 | Ausflug nach Las Nieves

Dankesbeweise

Mögen die Votivbilder auch noch so unbeholfen erscheinen, so bleibt man vor ihnen doch länger stehen als vor dem künstlerischen Highlight der Kirche, einer von flämischen Meistern im 16. Jh. geschaffenen Kreuzigungsgruppe.

Noch mehr Dankesbeweise entdeckt man in der Schatzkammer im gegenüberliegenden Pilgerhaus, der **Casa de los Romeros**. Es birgt juwelenbestückte Gewänder, Kronen und das königliche Zepter, Gold- und Silberarbeiten, Heiligenskulpturen aus Europa und Amerika sowie Bildnisse der Schneejungfrau. All dies wurde in den letzten vierhundert Jahren von Palmeros gestiftet.

Urige Einkehr

Wer Hunger bekommen hat, könnte in der **Parrilla Las Nieves** 1 einkehren. Das Grilllokal ist mit Farn überwuchert, das aufgetischte Fleisch stammt aus der eigenen Schlachterei. Nicht jedermanns Sache sind Kaninchen und Zicklein, die mit gespaltenem Kopf serviert werden, damit das als Delikatesse geschätzte Hirn leichter entnommen werden kann.

Bei gutem Wetter empfiehlt es sich, den Magen zu vertrösten. Denn schon ein paar Kilometer weiter, im Ortsteil Velhoco, kann man das Gartenlokal **Chipi-Chipi** 2 besuchen. Inmitten wuchernder Vegetation gibt es eine Vielzahl igluähnlicher Sitznischen, in denen es sich schön sitzen und plaudern lässt. Fisch steht nicht auf der Speisekarte, aber sonst alles, was das Herz begehrt.

Wer auf Fisch nicht verzichten mag, fährt ein Stück weiter ins Lokal **La Graja** 3. Im 200-jährigen ›Krähenhaus‹ *(graja)* ist es gemütlich und die Preise stimmen, zu den Spezialitäten zählen Kabeljau-Happen auf süßen Kartoffeln. In allen drei Lokalen bekommt man Hauptgerichte ab 7 €.

Marias Hofdamen

Gegenüber vom ›Krähenhaus‹ zweigt eine schmale, 400 m lange Palmenallee zum **Monasterio del Císter** 2 (▶ F 6) ab. Groß ist das Zisterzienserkloster, doch wohnen darin nur wenige Nonnen – in strenger Klausur. Dies freilich hindert sie nicht, kulinarische Köstlichkeiten herzustellen. Es gibt Teigtaschen mit Kürbismarmelade *(cabello del ángel* = Engelshaar) oder mit Süßkartoffeln *(truchas)*, aber auch Makronen *(almendrados)* und Marzipan *(mazapán)*, Marmelade und Kräuterlikör – alles hergestellt in klösterlicher Ruhe nach traditionellem Rezept.

Man muss nur am Klostereingang klingeln und bei der sich zeigenden Nonne das Gewünschte ordern.

Zu Ehren der ›Schneejungfrau‹ feiert La Palma alle fünf Jahre ein großes Fest

Santa Cruz und der Südosten

Ebenfalls sehenswert
Am Kreisel von Buenavista de Arriba zweigt ein Sträßchen zur **Ermita de la Concepción** 3 (▶ G 6), der ›Kapelle Mariä Empfängnis‹, ab. Vom Aussichtspunkt nebenan eröffnet sich ein weiter Blick über den Osten La Palmas. Wählt man am Kreisel die LP-202 Richtung Santa Cruz, kann man bei Km 6 rechts zum **Maroparque** 4 (▶ G 6) fahren. Der Tierpark ist an einen Steilhang gebaut, sodass man über schwindelerregende Stege spaziert, vorbei an Käfigen und Gehegen. Zu sehen sind Exoten aus aller Welt: Titi-Äffchen und Papageien, Waschbären und Python-Schlangen, Känguruhs und Kaimane.

Infos
Las Nieves liegt an der LP-101; die Buslinie 303 verbindet Santa Cruz mit Las Nieves, Velhoco und Buenavista de Arriba.

Öffnungszeiten
Real Santuario de Nuestra Señora de Las Nieves 1: Tel. 922 41 63 37, www.bajadadelavirgen.es, tgl. 8.30–20 Uhr, Besuch der Schatzkammer nur nach telefonischer Voranmeldung.
Monasterio del Císter 2: Camino de la Corsillada 10, Tel. 922 41 45 00, tgl. 10–19 Uhr.
Maroparque 4: Camino Real La Cuesta 28, Tel. 922 41 77 82, www.maroparque.com, Mo–Fr 11–17, Sa–So 11–18 Uhr, Eintritt 11 €.

Essen
Parrilla Las Nieves 1: Plaza de las Nieves 2, Tel. 922 41 66 00. Fr–Mi 12.30–17, 19–23 Uhr.
Chipi-Chipi 2: Velhoco 42 / LP-101 Km 6, Tel. 922 41 10 24, www.chipichipi.es, Mo, Di und Do–Sa 12–17, 19–23 Uhr.
La Graja 3: Carretera a Las Nieves 32/ LP-101, Tel. 922 42 02 18, wechselnder Ruhetag.

Übernachtung
Aus einer verwegen an der Abbruchkante platzierten Villa aus dem Jahr 1906 wurde das touristische Landhaus **Buenavista** 1 mit Türmchen, Veranden und Wintergarten: LP-202 Km 6.2, Tel. 628 59 19 15, www.casayanes-buenavista.blogspot.com, DZ ab 70 €. Sehr schön wohnt man in einer alten restaurierten Wassermühle: Die beiden Apartments im **Molino Remanente** 2, von der Straße über einen steilen gepflasterten Weg erreichbar, bieten offene Dachstühle aus Holz, Ausblick ins Grüne und modernen Komfort: Las Nieves, Tel. 922 41 56 36, www.la-fuente.com, Apartments ab 46 €. Wer Geld sparen will, quartiert sich in einem der sieben Apartments von **Chipi Chipi** ein: kühl, funktional und billig, Apartments 30 € (s. S. 41).

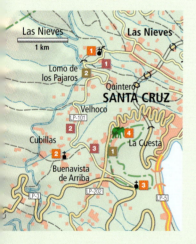

Los Cancajos ▶ G 7

Mit mehr als 4000 Betten ist Los Cancajos La Palmas größtes Ferienzentrum. Es liegt auf halber Strecke zwischen Inselhauptstadt und Flughafen, mehrmals täglich düsen die startenden Maschinen über den Ort hinweg. Teils attraktive, teils klotzige Anlagen folgen einander längs der zerklüfteten Küste. Ein romantischer Küstenweg führt von der Touristeninformation an der alten Saline vorbei südwärts. Es wurden kleine Sitzecken geschaffen, von denen man den Ausblick auf das tosende Meer und die umspülten Felsen genießt. Während der Sommermonate werden im Freilufttheater kleine Konzerte aufgeführt.

Strand

Die Playa de Los Cancajos wurde von der EU mit der Blauen Flagge ausgezeichnet. Sie spaltet sich auf in zwei dunkle, flach ins Meer abfallende Sandbuchten, die das ganze Jahr über zum Baden einladen. Da sie vor starker Brandung durch Wellenbrecher geschützt sind, ist das Baden auch für Kinder gefahrlos. Liegen und Sonnenschirme werden vermietet, die Strandwacht hat das Geschehen von einem Holzturm im Blick.

Übernachten

Viel Komfort – **Taburiente Playa:** Playa de Los Cancajos, Tel. 922 18 12 77, www.hotelh10taburienteplaya.com, DZ ab 78 €. Viersternehotel am Meer mit 293 Zimmern und viel Animation, am schönsten ist das Entrée: Über die Halle gelangt man in ein hohes lichtdurchflutetes Atrium; von den fünfstöckigen Galerien hängen Schlingpflanzen wie Vorhänge herab, Wasser plätschert über dunkles Vulkangestein. Im Restaurant wird das Frühstücks- und Abendbüfett serviert. Rund um den Meerwasser-Pool geht es lebhaft zu: Animation rund um die Uhr, am Tennisplatz stehen Sportfreunde Schlange. Daneben gibt es Sauna und Fitness, für den Abend einen Piano- und Disco-Pub.

Im kanarischen Stil – **Hacienda San Jorge:** Playa de los Cancajos 22, Tel. 922 18 10 66, www.hsanjorge.com, Ap. ab 100 €. Die in mediterranen Farben gestalteten Häuser stehen in einem Park mit alten Palmen und einem Meerwasser-Pool. Die verglaste Eingangshalle mit Drachenbäumen und Teichen erinnert an einen Wintergarten, das Restaurant thront wie eine Festung über dem Meer. Die meisten der 155 Apartments sind geräumig, einige mit großer Terrasse.

Farbenfroh – **Las Olas:** Playa de los Cancajos s/n, Tel. 922 43 30 15, www.hotellasolas.es, Ap. ab 55 €. ›Die Wellen‹ – so nennt sich die Anlage 100 m vor der brandungsumtosten Küste. Sie ist durch Erker, Türme und Arkaden aufgelockert, Pastellfarben sorgen für Frische. Die 182 Apartments sind geräumig, verfügen über eine gut ausgestattete Kitchenette, Marmorbad und Balkon. Den schönsten Blick haben die Apartments am Pool.

Essen und Trinken

Hotelgäste buchen meist Halbpension, und wer im Apartment wohnt, bereitet sich sein Essen gern selber zu. Doch es gibt in Los Concajos ein Lokal, das man besuchen sollte – auf La Palma ist es schwer, ein besseres zu finden:

Kreativ mediterran – **Sadi:** Urbanización La Cascada, Tel. 922 18 14 63, www.sadilapalma.com, Mo 18–23, Di–Sa 13–23 Uhr, Gerichte ab 7 €. Das beste Lokal weit und breit versteckt sich im Souterrain der Apartmentanlage La Cascada. In elegantem Ambiente serviert Sabrina Kreatives aus frischen Zutaten, von Dieter, dem Chef de Cuisine,

Santa Cruz und der Südosten

mit Pfiff zubereitet. Auf der Karte gibt es auch viel Vegetarisches, z. B. hausgemachte Pasta mit Pilzen aus La Palma oder Caprese mit Mango und Curry-Chutney. Alles ist liebevoll arrangiert und mit Blüten dekoriert – das Auge darf mitessen.

Am Strand – **El Pulpo:** Playa de Los Cancajos, Tel. 922 43 49 14, Do–Di 12.30–15.30, 18–21 Uhr, Gerichte ab 6 €. Kleines Lokal in urigem Holzhaus am Strand. Serviert wird frischer Fisch, dazu gibt es Landwein vom Fass. Am Wochenende kommen auch Palmeros hierher.

Sport und Aktivitäten

Tauchen – **La Palma Diving Center:** Centro Cancajos, Tel. 922 18 13 93, www.la-palma-diving.com. Die Tauchschule im Einkaufszentrum bietet Schnuppertauchgänge, Kurse für Anfänger und Spezialkurse. Hier kann man auch Masken, Schnorchel und Flossen leihen (bzw. kaufen).

Wandern – **Natour:** Tel. 922 43 30 01, www.natour.travel. Touren rund um die Insel, zur Vorbereitung finden Dia-Vorträge in den Hotels statt.

Ausgehen

Vor allem in den Hotels Taburiente Playa und Las Olas gibt es mehrmals wöchentlich eine Tanz- oder Musik-Show, in den Bars an der Promenade Live-Musik.

Infos und Verkehr

Oficina de Turismo: Paseo Marítimo s/n, 38712 Los Cancajos, Tel. 922 18 13 54, www.lapalmacit.com, tgl. ab 9.30 Uhr. Im modernen Pavillon an der Küstenpromenade erhält man Broschüren und Veranstaltungstipps.
Bus: Linie 500 verbindet Los Cancajos alle 30–60 Min. mit Santa Cruz und dem Flughafen.
Taxi: Tel. 922 43 40 46

Breña Alta und Breña Baja ▶ F/G 6/7

Wenige Kilometer südlich von Santa Cruz breitet sich ein fruchtbarer, aber zersiedelter Landstrich aus, der die Gemeinden Breña Alta und Breña Baja umfasst: erstere auf 300–400 m Höhe (*alta* = oben), letztere in Küstennähe (*baja* = unten). Sanft steigen die Hänge zum zentralen Bergmassiv an, sind mit Gärten, hier und da noch einer Tabak- oder Bananenplantage bedeckt. Neben Hauptstädtern haben sich hier viele Ausländer niedergelassen – der Wohlstand wird in umzäunten Anlagen geschützt. Die Ortschaften gehen ineinander über und sind diffus gegliedert, einen lebendigen Ortskern entdeckt man nur in **San Pedro** (Breña Alta), ansatzweise auch in **San Antonio** und **San José** (Breña Baja). Sie taugen als Ausgangspunkt zur Erkundung der Insel, doch vor Ort finden Touristen wenig, was sie zu längerem Bleiben ermuntert.

Museo del Puro Palmero

Parque de los Álamos/Calle La Cuesta (San Pedro), LP-202, Di–Sa 10–13 Uhr, Eintritt 3 €.

In einem restaurierten Gutshof am oberen Ortsausgang von San Pedro dreht sich alles um die palmerische Zigarre: den Zauber des Rauchs und seine nützliche Wirkung, die Ausbreitung des Tabaks von der Neuen in die Alte Welt, den Prozess der Ernte und die Kunst des Zigarrendrehens. Gleich nebenan befindet sich das **Museo de la Fiesta de las Cruces,** es beleuchtet das ›Fest der Kreuze‹ im Monat Mai (im Eintrittspreis inbegriffen).

Übernachten

Stilvolles Ambiente – **Parador de La Palma:** Carretera de El Zumacal s/n (Breña Baja), Tel. 922 43 58 28, www.

Villa de Mazo

In El Molino, der Mühle von Mazo, bekommt man palmerische Keramik

parador.es, DZ ab 100 €. Luxus in stilvollem, nostalgisch angehauchtem Ambiente: Das im kanarischen Stil erbaute Hotel ist das jüngste Haus der staatlichen Parador-Kette. Durch einen lichtdurchfluteten, begrünten Innenhof mit Sitzecken gelangt man in die elegant-gemütlichen Aufenthalts- und Speiseräume. Alle 78 Zimmer sind sehr komfortabel mit Balkon und Blick aufs Meer. Im subtropischen Garten befindet sich ein Pool, außerdem gibt es Sauna und Fitnessraum (im Preis inbegriffen).

Villa de Mazo ▶ G 8

Für seinen Wochenendmarkt ist der 400 Einwohner zählende Ort auf der ganzen Insel bekannt. Er liegt an einem Berghang, 12 km südlich von Santa Cruz, Weinfelder erstrecken sich bis zur Küste. Von der Durchgangsstraße kommt man über eine abschüssige Gasse zur blumengeschmückten Plaza mit Rathaus und Bibliothek. Ein wenig tiefer befinden sich die Markthalle, eine Kunsthandwerkschule und die Kirche San Blas.

Museo del Corpus y el Bordado
Calle Maximiliano Pérez Díaz s/n, Mo–Fr 10–14, Sa 11–18 Uhr.
Der auffällige und vorbildlich restaurierte ›Rote Palast‹ stammt aus der Zeit der Belle Epoque (1911) und ist heute ein Museum der Klöppelei und Stickerei.

Escuela de Artesanía
Calle Dr. Morera Bravo 1, Tel. 922 44 00 52, Sa/So geschl.
In dem großen, im Stil eines kanarischen Herrenhauses errichteten Bau wird den ganzen Tag über gewebt und getöpfert, geflochten und geschnitzt. Die Produkte werden vor Ort verkauft, am Wochenende haben die Kunsthandwerker einen Stand in der Markthalle.

Iglesia de San Blas
Im unteren Teil von Villa de Mazo entdeckt man eine der ältesten Kirchen der Insel (1512) mit einer Holzdecke im Mudéjar-Stil und wertvollen Renaissanceskulpturen aus Flandern. Prunkstück ist der aus Kiefernholz geschnitzte Flügelaltar, in dessen Nischen ausdrucksvolle Heiligenfiguren stehen. Die

Santa Cruz und der Südosten

Besichtigung ist nur vor und nach jeder Messe möglich.

Übernachten
Top-Adresse – **Casa Felipe Lugo:** Camino Montaña la Breña 101-A (La Rosa), min. 1 Woche, buchbar über Karin Pflieger (s. S. 14), Tagespreis 2 Pers. 72 €. Alleinstehendes Landhaus nahe dem Vulkanberg Montaña de La Breña mit komfortabler Wohnküche und Kamin, stilvollem Bad und Schlafzimmer mit sehr guten Betten – dazu Fußbodenheizung in sämtlichen Räumen und Internetzugang! Wunderbar auch der große, romantische Garten, der traumhafte Pool und die Terrassen mit Blick auf das Meer.

Essen und Trinken
Fast am Flughafen – **Casa Goyo:** Calle Lodero 120, Tel. 922 44 06 03, tgl. außer Mo 13–16, 19–23 Uhr, Gerichte ab 6 €. In der südlichen Einflugschneise liegt das seit vielen Jahren für seine gute Fischzubereitung beliebte Lokal. Sonntags gibt es frische Paella.

Einkaufen
Markt – **Mercadillo:** Calle Dr. Morera Bravo, Sa 11–15, So 10–13 Uhr. ›Kleiner Markt‹ – so nennen die Palmeros den touristischen Basar von Mazo, der in den letzten Jahren an Zuspruch verloren hat. Der Kommerz regiert, hier wird alles verkauft, was auf der Insel gedeiht: Konfitüre, Ziegenkäse und pikante Soßen, Brot und Mandelgebäck, natürlich auch selbst gekelterter Wein, abgefüllt in Flaschen ohne Etikett und Jahrgang. Wer Qualität bevorzugt, kauft den kräftig-herben Rotwein der hiesigen Bodega El Hoyo. Insgesamt sind die Waren etwas teurer als auf dem Konkurrenzmarkt von Puntagorda.

Kunsthandwerk – **El Molino:** Monte de Pueblo 27, Tel. 922 44 02 13, Mo–Sa 9–13, 15–19 Uhr, Eintritt frei. Die Keramikwerkstatt befindet sich in einer alten Mühle an der Straße von Hoyo de Mazo nach Lodero. Schon von Weitem ist das Windrad zu sehen, umgeben von einem großen blühenden Garten. Getöpfert wird hier auf altkanarische Art; mit der Hand werden Schalen geformt und im Anschluss daran mit geometrischen Mustern verziert. Nach dem Brennen ist die Keramik schwarz wie Vulkanerde, glänzend und glatt.

Termine
Corpus Cristi: Mai/Juni. Das Fronleichnamsfest von Villa de Mazo gilt als das farbenprächtigste der Insel. Auf allen wichtigen Straßen werden Blumenteppiche ausgelegt, die zuvor in wochenlanger Arbeit von Gläubigen und Künstlern geknüpft wurden – Pflanzengirlanden sind zu Triumphbögen geformt. Den genauen Zeitpunkt der Prozession erfährt man bei der Touristeninformation.

In der Umgebung
Cueva de Belmaco ▶ G 9
Carretera del Hoyo de Mazo (LP-2), Tel. 922 44 00 90, Mo–Sa 10–18, So 10–15 Uhr, Eintritt 2 €.
Die Cueva de Belmaco, erreichbar über die untere Straße nach Los Canarios, ist eine der größten altkanarischen Wohnhöhlen des Archipels. Man glaubt, dass es sich um die ehemalige Residenz des Mencey von Tedote handelt, des Herrschers über einen der insgesamt zwölf altkanarischen Inselstämme. Die 1752 hier entdeckten Felszeichnungen lassen auf einen intensiven Mond- und Sonnenkult der Benahoaritas, der prähispanischen Bewohner dieser Insel schließen. Die Fundstelle liegt am Ende eines archäologischen, mit vielen Schautafeln hergerichteten Lehrpfades.

Der Südwesten

Los Canarios ►E 11

Das 500-Seelen-Dorf, wichtigster Ort der Gemeinde Fuencaliente, liegt am Südzipfel der Insel. Wer hier im Winter Urlaub macht, muss sich warm anziehen. Los Canarios liegt auf 700 Meter Höhe und ist ziemlich oft in Wolken gehüllt.

Alles Wichtige liegt an der Hauptstraße, der LP-2, dicht beieinander: Lokale und Läden, Pensionen und ein Supermarkt. Etwas oberhalb steht die Iglesia de San Antonio, eine schlichte Kirche zu Ehren des Schutzpatrons der Tiere. Reich an Kontrasten ist die Umgebung. In den oberen Lagen führen steile, kiefernbestandene Hänge zur Cumbre Vieja hinauf, abwärts geht es zu bizarren Vulkankratern. Aus dem zu fruchtbarer Erde verwitterten Lavagrund treiben grüne Reben hervor. Der aus ihnen gewonnene Wein ist so gut, dass er sich mit der begehrten staatlichen Herkunftsbezeichnung *(denominación de origen)* schmücken darf.

Typisch für La Palmas obere Lagen: dunkler Fels, Kiefern und Wolkenschwaden

Der Südwesten

Auf S. 49 (**direkt 3**) werden die Touren zu den Vulkanen San Antonio und Teneguía vorgestellt, auf S. 52 (**direkt 4**) die warme Küstenregion.

Übernachten

Die beliebtesten Ferienwohnungen liegen in den schon deutlich wärmeren Weilern Las Indias und Los Quemados (s. S. 56), einige Kilometer unterhalb von Los Canarios.

An der Zufahrt zum Vulkan – **Villas Fuencaliente:** Calle de los Volcanes s/n, Mobiltel. 686 93 48 17, villasfuencaliente@gmail.com, buchbar über Reiseveranstalter, Bungalow ab 50 €. Fünfhundert Meter unterhalb des Ortskerns liegen neun freistehende, im kanarischen Stil erbaute Häuschen: alle mit Terracottaboden und offenem Dachstuhl aus Holz, ausgestattet mit Sat-TV, Kaffeemaschine, Toaster und Föhn. Eine jede ›Villa‹ hat ihre eigene Terrasse mit Sonnenliegen, den überdachten, saisonweise beheizten Pool mit Panoramablick nutzen die Gäste gemeinsam.

Essen und Trinken

Rustikal – **Tasca La Era:** Antonio Paz 6, Tel. 922 44 44 75, Do–Di 12–23 Uhr, Hauptgerichte ab 7 €. Familienlokal mit Terrasse auf dem Weg zum Vulkan San Antonio. Eine Spezialität des Hauses ist geräucherter Inselkäse *(queso asado)*, der scheibenweise gebraten und mit *mojo* beträufelt wird. Als Hauptspeise gibt es gegrillten Fisch oder Fleisch mit Salat.

Nahe dem Vulkan – **La Casa del Volcán:** Calle Los Volcanes 23, Tel. 922 44 44 27, www.lacasadelvolcan.es, Di–So ab 12.30 Uhr, Menü ab 13,50 €. Tapas und kanarische Hausmannskost, dazu palmerische Tropfen aus der hauseigenen Bodega. WLAN gratis.

Einkaufen

Kunsthandwerk – **Taller de Artesanía:** Carretera General del Sur 104, Mo–Sa 10–18.30 Uhr. Man kann Frauen beim Sticken und Weben zuschauen, der einzige Mann in der Werkstatt fertigt aus Gold- und Silberfäden Einlegeschmuck im Toledo-Stil. In Regalen stehen außerdem Obstliköre aus eigener Herstellung, einheimische Weine und Getreidekuchen.

Süßes – **La Parada:** Carretera General del Sur 96, tgl. ab 8 Uhr. In der beliebten Dorfbar im Zentrum des Orts kann man Gofiokuchen *(rapaduras de gofio)*, hausgemachte Mandelmakronen *(almendrados)* und Inselhonig *(miel)* kaufen.

Wein – **Bodegas Carballo:** Ctra. de las Indias 44, Tel. 922 44 41 40, www.bodegascarballo.com, tgl. 10.30–18.30 Uhr. Der Familienbetrieb liegt unterhalb des Ortes, direkt gegenüber der Zufahrt zum Vulkan San Antonio. Die Weinauswahl ist hier die beste, und selbstverständlich darf vor dem Kauf gekostet werden. Es gibt gelb schimmernden Listán Blanco und roten Negramoll, am schönsten und feinsten schmeckt der süße, hochprozentige Malvasía Dulce. Herrscht kein Andrang, wird auch die Bodega geöffnet, in der nebst einer modernen Abteilung ein musealer Raum mit hölzerner Weinpresse und uralten Weinfässern zu sehen ist.

Infos und Termine

Touristeninformation: Plaza Minerva s/n (etwas versteckt neben dem Busterminal), 38740 Fuencaliente, Tel. 922 44 40 03, oitfuencaliente@hotmail.com, So geschl.

Fiesta de la Vendimia: 2. Augusthälfte. Zur Zeit der Weinlese *(vendimia)* wird in Los Canarios ein vierzehn Tage währendes Fest gefeiert. Für die einen hat es seinen Höhepunkt im ›Tanz der Pferde‹ und im ›Tanz der   ▷ S. 56

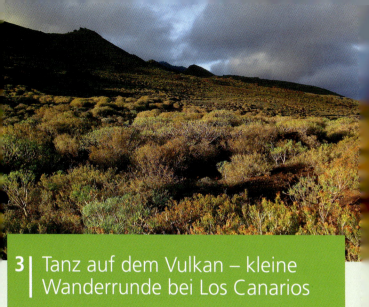

3 | Tanz auf dem Vulkan – kleine Wanderrunde bei Los Canarios

Karte: ▶ E 11 | **Anfahrt:** im PKW, Zufahrt zum Centro de Visitantes von der LP-209 bei Los Canarios

Grüne Insel‹ – von wegen! Im Inselsüden sieht man Schlacke und zertrümmerte Lava. Bevor man den perfekt geformten Krater des Volcán de San Antonio umläuft, lässt man sich im Besucherzentrum in den Vulkanismus einführen. Anschließend geht es weiter zum Teneguía, dem jüngsten Vulkan La Palmas.

Jüngerer Vulkanismus

Knapp unterhalb von Los Canarios befindet sich die Zufahrt zum Vulkan San Antonio. Am Wachhäuschen löst man ein Ticket für das in eine Bergflanke gebaute **Besucherzentrum** 1 *(Centro de Visitantes)*.

Besonders heftig war die Eruption des San Antonio 1677. Mehrere Schlote öffneten sich, und es ergoss sich so viel Lava über die Steilflanken, dass eine neue Küstenplattform entstand. Es mag zugegangen sein wie 1585, als der Chronist Torriani dem Ausbruch des Tajuya beiwohnte:

»Einige neugierige Männer fuhren aufs Meer, um den Kampf von Feuer und Wasser zu sehen. Doch sie gingen zugrunde dabei, weil das Meer im Raum von zehn Meilen so heiß war, dass es das Pech der Barken zum Schmelzen brachte und sogar die Fische durchkochte – Tausende von ihnen bedeckten die Wellen …«

La Palmas jüngster Vulkanausbruch erfolgte 1971, als der Teneguía 24 Tage lang Feuer und Asche spie. Seine Lavaströme überspülten die des San Antonio und preschten bis zum Meer vor, dem neues Land abgetrotzt wurde – im Besucherzentrum wird dies in einem Doku-Film belegt. Auch zwei Seismographen sind aufgestellt: Einer zeigt die durch die Schritte der Besucher ausgelösten Erschütterungen, der andere die steten, kaum wahrnehmbaren Bewegungen in der Erdkruste.

Der Südwesten

Von Platten und Bruchstellen

Die Grenze zwischen der südamerikanischen und der afrikanischen Kontinentalplatte verläuft westlich des Archipels. An der Bruchstelle quillt periodisch Lava hervor, die sich am Meeresboden ablagert und dafür sorgt, dass die Platten auseinanderdriften. So wanderte die afrikanische Platte bisher zwei Zentimeter pro Jahr in Richtung Nordosten, wo sie von der euroasiatischen Platte gebremst wurde. Dies hatte zur Folge, dass sie an ihrem Westrand in Schollen zerbrach, die keilartig nach oben gestaucht wurden: die Sockel der Kanarischen Inseln. Im Erdmantel ist eine ortsfeste Magmakammer aktiv, durch die immer wieder flüssiger und heißer Basalt nach oben dringt. Er sucht den Weg des geringsten Widerstands und schießt durch die Risse zwischen den Schollen nach oben. Kommt er mit Wasser oder Luft in Kontakt, verfestigt er sich zu einem Gesteinssockel, der bei jedem Ausbruch wächst – bis über die Meeresoberfläche hinaus. Fazit: Die Kanarischen Inseln sind die Spitze von Vulkanbergen, die sich unterseeisch Tausende Meter bis zum Meeresgrund fortsetzen.

Sieben Inseln, ein Ursprung

Vulkanologen gehen davon aus, dass alle sieben Kanareninseln aus nur einem Magmaherd entstanden sind. War dieser auch ortsfest, so driftete doch die über ihm liegende afrikanische Kontinentalplatte nordostwärts und mit ihr die auf ihr verankerten Inseln. Ihr Alter nimmt von Ost nach West ab: Fuerteventura, die östlichste, zählt 20 Mio., La Palma knapp 2 Mio. und El Hierro, die westlichste, nur 800 000 Jahre. Und draußen im Atlantik, noch weiter westlich, entsteht über dem alten Magmaherd bereits eine neue Insel ...

Zum Volcán de San Antonio

Auf die Theorie folgt die Praxis: Vom Parkplatz des Besucherzentrums folgt man dem ausgeschilderten Weg zum **Volcán de San Antonio** [2] und kämpft gegen die oft unerwartet einsetzenden heftigen Windböen. Vom Gipfelrand schaut man in den 50 m tiefen Kratertrichter, auf dessen Grund zarte Pflanzen gedeihen. Faszinierend ist auch der Fernblick über den dunkel zerborstenen Teneguía. Da keimt kein Leben, die Hänge wirken trostlos und öd. Belebt wird der Anblick nur durch das blau schimmernde Meer, aus dessen Fluten die Nachbarinseln Teneriffa, La Gomera und El Hierro aufragen. Nach 10 Min. muss man leider umkehren, die Umrundung des Kraters ist aus Gründen des Naturschutzes untersagt.

Zum Volcán de Teneguía

Zurück am Besucherzentrum bieten sich zwei Möglichkeiten: Entweder steigt man zum Leuchtturm **Faro de Fuencaliente hinab** (3 Std.), von wo es per Bus nach Los Canarios zurückgeht. Oder man macht eine Rundtour (3 Std.), was den Vorteil hat, dass man nicht auf den Bus angewiesen ist. In beiden Fällen startet man mit dem rot markierten Weg GR-131 in Serpentinen zu einer Piste hinab. Dieser folgt man nach links und kann wenig später einen 20-minütigen Abstecher zum Schlot des **Roque Teneguía** [3], eines älteren Vulkans unternehmen; an seiner Südseite sieht man stark verwitterte Spiralzeichen, von den Ureinwohnern in Lava geritzt.

Der Hauptweg führt zu einem Parkplatz, wo ein steiler, leicht ausgesetzter Weg startet. Über aufgerissene, von Gelb bis Rostrot leuchtende Flanken steigt man aufwärts und kommt ins Schwitzen – vielleicht auch bei der Vorstellung, hier könnte aus den Spalten

3 | Kleine Wanderrunde bei Los Canarios

bald wieder bis zu 200 °C heiße Luft austreten. Erreicht man den Gipfel des **Volcán de Teneguía** 4, der seine Umgebung 100 m überragt, wird man mit einem tollen Blick über ›fließende‹ Lavaströme für alle Mühe belohnt.

Beim Abstieg zweigt kurz vor dem Parkplatz rechts der GR-131 zum Leuchtturm ab (1.15 Std.). Indes führt die vorgeschlagene Rundtour über den Parkplatz zu einer Pistengabelung, an der man sich rechts hält. An der Kreuzung nach fünf Minuten schwenkt man links ein, nach 200 m geht es abermals links weiter: Der mit rot-weißen Säulen markierte Weg führt durch Weinan-

> **Übrigens:** Dem Volcán de Teneguía können Sie sich auch, ohne Eintritt zu zahlen, mit Auto nähern: Von Los Canarios folgen Sie der LP-209 Richtung Las Indias und biegen vor Erreichen des Dorfs links nach Los Quemados ab (Parkmöglichkeit). Von dort geht es auf der Piste zu Fuß Richtung Volcán de Teneguía.

pflanzungen aufwärts. Nach 30-minütigem Aufstieg stößt man in einer Senke auf eine Kreuzung, an der es links zum Besucherzentrum zurückgeht.

Infos

Centro de Visitantes Volcán de San Antonio 1: Schautafeln erläutern, wo in den letzten 500 Jahren die Erde La Palmas aufgebrochen ist. Tel. 922 44 46 16, tgl. 9–18, im Sommer bis 20 Uhr, Eintritt 5 € (zahlbar am Eingang zum Parkplatz), Kinder bis 16 frei.

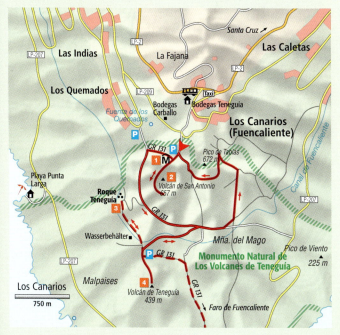

4 | Strände und Salinen – die Inselsüdspitze

Karte: ▶ D/E 10–12 | **Anfahrt:** ab Los Canarios über die LP-207

Statt karibisch weißem Sand schwarze Lava, statt Palmen verwitterte Felswände: Ein Freund herber Landschaften muss man sein, um sich für diesen Küstenstrich zu begeistern. Zu entdecken sind eine heiße Quelle, die La Palmas Kurtradition wiederbeleben soll, eine Lagune mit Feuerwürmern und herrlich flirrende Salzgärten am Fuße des Leuchtturms.

Folgt man der Straße LP-207 von Los Canarios abwärts, gelangt man in eine schwarze Vulkanlandschaft. Von der Straße sieht man armdicke Stränge ineinander verflochtener Stricklava, die immer dann entsteht, wenn der Vulkan schnellfließendes, dünnflüssiges Magma ausgespien hat. So gewaltig waren die Ströme, die der San Antonio 1677 erbrach, dass sie alles unter sich begruben – erst das Meer vermochte sie zu stoppen: In den kalten Fluten erstarrten sie zu Stein, und La Palma bekam eine neue Küste.

Der Leuchtturm

Nachdem man viele Kehren durch schwarze Ödnis zurückgelegt hat, freut man sich über hellere Bilder: Vor dem Hintergrund des Meeres reckt sich der **Faro de Fuencaliente** 1, ein weißrot gestreifter Leuchtturm in die Höhe. Seitlich davon steht ein älterer, aus Naturstein erbauter Turm.

Bevor man der Versuchung nachgibt, im Meer zu baden, lohnt ein Blick ins Innere des älteren Turms, worin sich das **Centro de Interpretación de la Reserva Marina de La Palma** 2 befindet. Hier ist alles so gestaltet, dass man glaubt, Teil der Unterwasserwelt zu sein. In einem schummrig beleuchteten Raum scheint der Boden abgesenkt, aus der Taucherperspektive blickt man ein Felsriff voller Fische. Zur Mee-

4 | Die Inselsüdspitze

resoberfläche hin erkennt man die Unteransicht eines Bootes. Ein Netz ist ausgeworfen, in dem sich ein Delfin verfangen hat. Ein Kurzfilm wird später erläutern, weshalb so viele Delfine als Beifang verenden und was es mit rücksichtslosem Fischfang auf sich hat.

Ein zweiter Film zeigt La Palmas Unterwasserwelt: Wasserschildkröten sind zu sehen, die sich mit der Strömung treiben lassen, durchsichtige Quallen mit endlos langen Armen und Riesenrochen, die mit sachtem Flossenschlag am Meeresboden entlanggleiten.

Der Salzgarten

Vom Leuchtturm folgen wir nun dem Küstenweg ostwärts. Am Fuß schwarzer Klippen, an denen unentwegt die Brandung nagt, breiten sich die **Salinas de Fuencaliente** 3 in Form eines großen Schachbretts aus. Nach traditioneller Art wird hier ›weißes Gold‹ geerntet: Vor der Erfindung des Kühlschranks war es fast das einzige Konservierungsmittel und verwandelte fade Speisen in Leckerbissen.

Wie wertvoll Salz *(sal)* einmal war, lässt sich dem Wort *Salaire* (span. *salario* = Gehalt) entnehmen. Es erinnert daran, dass der weiße Stoff als Zahlungsmittel diente. Heute, da Salz industriell in Vakuumverdampfungsanlagen produziert wird, macht sich kaum noch jemand die Mühe, Salz traditionell herzustellen. Doch hier in Fuencaliente bleibt man der Tradition treu – EU-Subventionen machen's möglich.

Die Technik ist einfach und effektiv: Bei Flut werden die meernahen Becken des ›Schachbretts‹ überspült, und sobald genügend Wasser eingedrungen ist, wird der weitere Zufluss gesperrt. Alsdann wird das Wasser in die oberen Becken gepumpt, wo es in der Sonne verdunstet, während das Salz auskristallisiert. Der so gewonnene klumpige Stoff wird zu kleinen Pyramiden gerecht, um endgültig auszutrocknen. »600 Tonnen ernten wir pro Jahr«, so der Betreiber Andrés Hernández, »davon sind drei Tonnen allerfeinstes Fleur de Sal – die Hälfte davon exportieren wir nach Deutschland«. Er setzt sich dafür ein, dass kanarisches Meersalz das Prädikat ›geschützte Ursprungsbezeichnung‹ erhält und als Delikatesse anerkannt wird. Dass seine Saline als Vogelschutzgebiet anerkannt wurde, hat er schon erreicht: Zur Herbstzeit kommen Regenpfeifer und Brandenten, Steinwälzer und Stelzenläufer, manchmal sogar Flamingos, die im Feuchtgebiet der Salzgärten Nahrung finden.

Übrigens: In den Salinen von Fuencaliente kann man fein- und grobkörniges Salz erwerben, reich an Kalzium, Magnesium und Jod. Die oberste, täglich abgeschöpfte Salzschicht ist besonders mineralreich und wird als *Flor de Sal* (Salzblume) vermarktet.

Heiße Quelle

1 km hinter der Faro-Kreuzung (LP-207 Km 12) kann man das Auto an einer Parkausbuchtung stehen lassen und auf einem mit Holzgeländer gesicherten Treppenweg zur **Playa Echentive** 4 (alias Playa Nueva) hinabsteigen, einem großen Strand voll geschliffener Kiesel.

Zur Rechten sieht man eine kleine Lagune, in der sich rötliche Feuerwürmer tummeln. Diese tausendfüßlerähnlichen Tiere, die oft bis zu 20 cm lang werden, leben gern in der Brandungszone. Sie sind faszinierend anzuschauen mit ihren feinen Borsten, doch berühren sollte man diese besser nicht, denn sie stechen tief in die Haut und schütten einen Giftstoff aus, der für Entzündungen sorgt. Zur Linken entdeckt

Der Südwesten

In den Salinas de Fuencaliente wird das ›weiße Gold‹ noch auf traditionelle Art gewonnen

man eine Felsöffnung. Wirkt sie auch unscheinbar, so birgt sie doch einen Schatz. Sie eröffnet den Zugang zur heißen Quelle *(fuente caliente)*, die einst von so großer Heilwirkung war, dass Kranke den weiten Weg vom spanischen Festland nicht scheuten. Es heißt, selbst der Konquistador Pedro Mendoza habe auf seiner Fahrt in die Neue Welt eigens auf La Palma einen Zwischenstopp eingelegt, um mithilfe des Heilwassers von seiner Syphilis zu genesen. Doch mit dem Ausbruch des Vulkans San Antonio 1677 war alles vorbei: Die Quelle wurde verschüttet und alle Versuche, sie wieder zu finden, waren vergeblich. Erst mit staatlich finanzierten Bohrungen gelang es 2005 dem Tiefbauingenieur Carlos Soler, sie wiederzuentdecken. Allerdings wird der Fund angezweifelt: Juan Carlos Carraedo, ein renommierter Vulkanologe, der mit Unterstützung Schweizer Geldgeber gleichfalls nach der Quelle sucht, hält sie nicht für die verschüttete ›Wunderquelle‹. Eine endgültige Klärung steht bislang noch aus …

Schon jetzt werden für die Zukunft große Pläne geschmiedet: Das 42 °C warme Wasser soll La Palmas neuen Kurtourismus begründen. Ein großes Thermalbad könnte entstehen, in dem die Gäste im heißen Wasser baden; auch könnte es, in Flaschen abgefüllt, exportiert werden und La Palmas Ruhm in alle Welt tragen …

Romantische Badebuchten

Fährt man auf der Straße nordwestwärts, passiert man nach knapp 3,5 km die Bucht **Punta Larga** 5, die – wie andere Küstensiedlungen auch – von ihren improvisierten Wochenendhütten ›gereinigt‹ werden soll.

Nach weiteren 3 km – vorbei am Hoteldorf **La Palma Princess** 1 – empfiehlt sich ein Abstecher nach links zu La Palmas schönsten Stränden. Im Halbrund hoher Klippen breitet sich die **Playa Chica** 6 aus, eine schwarze, sichelförmige Sandbucht, in der es sich herrlich baden und schnorcheln lässt – ein steiler Pfad führt zu ihr hinab. Durch einen Felsvorsprung ist von ihr die et-

4 | Die Inselsüdspitze

was größere **Playa Zamora** 7 abgetrennt, sie ist gleichfalls über einen Klippenpfad zugänglich, doch aufgrund von Steinschlaggefahr häufig geschlossen. Für die Zukunft ist geplant, eine 11 km lange Küstenpromenade bis Puerto Naos anzulegen und hier, im ›sonnensicheren‹ Südwesten, weitere Hotels entstehen zu lassen … Vorerst freilich gibt es nur eine Straße, die sich über die Weiler Las Indias und Los Quemados zur LP-2 hinaufwindet.

Infos
Ein **Bus** verbindet das Hoteldorf in Cerca Vieja alle 2 Std. mit dem Faro und Los Canarios.

Öffnungszeiten
Centro de Interpretación de la Reserva Marina de La Palma 2: Faro Antiguo de Fuencaliente, Tel. 922 48 02 23, aufgrund von Budgetkürzungen nur unregelmäßig geöffnet.
Salinas de Fuencaliente 3: Carretera de la Costa Faro 5, Tel. 922 69 60 02, www.salinasdefuencaliente.com, Mo–Fr 9–17 Uhr, Eintritt frei.

Essen
Im Restaurant **Jardín de la Sal** 1 kann man mit Blick auf die Salinen Fischgerichte probieren (tgl. ab 12 Uhr bis eine Stunde nach Dämmerung, Hauptgerichte ab 10 €).
Einfacher isst man im **Kiosco Zamora** 2, dem Hüttenlokal oberhalb der Playa Chica. Zum Fisch gibt es *papas arrugadas con mojo* sowie leichten Teneguía-Wein (tgl. 11–18 Uhr, Fisch wird nach Gewicht berechnet).

Übernachtung
Das erste Großhotel der Insel ist ein Ort für sich: **La Palma Princess** 1 liegt an der windgeschützten Klippenküste und ist mit kanarischen Architekturelementen attraktiv gestaltet. Die 625 Zimmer mit Vierstenekomfort sind geräumig, besonders schön sind die höher gelegenen mit Meerblick. Die Pools sind teilweise von künstlichem Sand eingefasst, sodass man sich am Strand wähnt, vor Ort buchbar ist das Spa- und Wellness-Center mit diversen Saunen. Morgens und abends wird ein gutes Büfett geboten. Wer viel wandern will, kommt – wegen der strapaziösen Busanbindung – kaum um einen Mietwagen herum.
La Palma Princess, Ctra. de la Costa, Cerca Vieja 10, Tel. 922 42 55 00, www.hotellapalmaprincess.com, DZ ab 100 €.

Der Südwesten

alten Jungfern‹, für die anderen im strömenden Wein.

Verkehr
Bus: Linie 200 verbindet Los Canarios alle 2 Std. mit Los Llanos de Aridane und Santa Cruz, Linie 203 alle 2 Std. mit dem Leuchtturm (Faro) via Hotel La Palma Princess (Cerca Vieja).
Taxi: Tel. 922 44 08 25

Las Indias und Los Quemados ▶ D/E 11

Wie Nester kleben die Häusergruppen an den Bergflanken des Südwestens und bieten eine wunderbare Aussicht aufs Meer. Mehrere Fincas wurden für Naturtouristen restauriert: Hier wohnt man ›weit ab vom Schuss‹, ein Mietwagen ist ratsam. Das Klima könnte nicht besser sein: Im Schatten des Nordostpassats erlebt man selbst im Winter sommerliche Tage.

Fährt man von Los Canarios die LP-209 hinab, passiert man zunächst den Weiler Las Indias, der mit Kulturzentrum und Supermarkt aufwartet. Seinen Namen verdankt der Ort Christopher Kolumbus, der auf seiner Fahrt über den großen Teich Indien, das Land der Schätze, erreicht zu haben glaubte. Und manch ein Canario bahauptet, auch er habe von hier, dem westlichsten Punkt des Archipels, das ›gelobte Land‹ sehen können.

Vom Scheitelpunkt einer Haarnadelkurve zweigt die LP-2091 nach Los Quemados ab. Der Name (›verbranntes Land‹) spielt auf die von schwarzer Lava überfluteten Steilhänge an, doch es gibt auch liebliche Momente: Reben kriechen die Flanken empor, in den Gärten alter Natursteinhäuser sprießt üppiges Grün.

Weiter unten, in Cerca Vieja und fast auf Meereshöhe, entstand ein Viersternehotel, das den Beginn einer neuen touristischen Ära einläutet. Schon wurden rund um den Leuchtturm und an der Punta Larga erste Hütten abgerissen. Unter Berufung auf das Küstengesetz, das den Bau von Häusern in unmittelbarer Küstennähe untersagt, wird Ordnung geschaffen – was auch heißen könnte: ein sauberes Umfeld für zukünftige Bauherren. Schon werden Stimmen laut, die sich von der Existenz eines Golfplatzes hohe Gewinne versprechen, und seit die heißen Quellen aufgespürt wurden, träumen einige Ratsherren von einem noblen Kurhotel (s. S. 54).

Übernachten
Ideal für Kleingruppen – **Casona Los Melindros:** Calle Los Quemados 88, buchbar über Karin Pflieger (s. S. 14), Tagespreis 2 Pers. 96 €. Das 100-jährige Herrenhaus am Steilhang wurde nach dem Brand von 2008 originalgetreu wieder aufgebaut, nun noch komfortabler: die Casona für 7 Personen mit vier Schlafzimmern, Salon mit Sat-TV und Internetzugang, zwei Bädern und Küche, und die Casa für 3 Personen im kleineren Nebenhaus. Cristóbal und Lourdes, die Besitzer, kümmern sich ums Wohl der Gäste, bringen sie ohne Aufpreis zum Startpunkt entfernter Wanderwege und holen sie auch wieder ab!

Stattlich-schön – **Casa Goronas:** Calle Mariano Sicilia 9, Las Indias, buchbar über Karin Pflieger (s. S. 14), Tagespreis 2 Pers. 58 €. Oben das Schlafzimmer mit Balkon und herrlichem Ausblick, unten Küche, Bad und Wohnzimmer mit Sat-TV und WLAN. Die Terrasse geht über in einen üppigen Garten, wo auch gegrillt werden kann.

Apartments am Hang – **Finca Colón:** Los Quemados 54, Tel. 922 44 41 55, www.apartamentoscolon.es, Ap. 40–

Puerto Naos

60 €. Wie Colón (Kolumbus) schaut man vom Steilhang – zwar nicht bis Amerika, doch weit aufs Meer. Die 15 Apartments sind freundlich eingerichtet und gruppieren sich um einen kleinen, üppig begrünten Pool. Sat-TV und Heizung gibt es jedoch nur gegen Gebühr!

Essen und Trinken

Zum Sonnenuntergang – **Puesta del Sol:** Ap. Colón, Los Quemados 54, Tel. 922 44 41 55, Mo–Sa ab 18 Uhr, Gerichte ab 7 €. Nicht nur zum Sonnenuntergang *(puesta del sol)* eine gute Adresse: Im kleinen, rundum verglasten Lokal genießt man den Meerblick. Señor Vidal, der in Deutschland Tourismus studiert hat, bietet jede Woche neue Gerichte, z. B. Auberginen mit Ziegenkäse, Thun-Lasagne und mit Schinken gefüllte Champignons.

Las Manchas ▶ D 8

Las Manchas heißt übersetzt ›die Flecken‹. Gemeint sind die inselartig aufragenden ›Flecken‹ älteren Landes, die bei jüngeren Eruptionen von der schnellflüssigen Lava nicht überspült wurden. Und auch architektonisch wirkt der weitläufige Hang mit seinen bunt verstreuten Häusern wie ein Flickenteppich. Das **Weinmuseum** und die vom kanarischen Künstler Luis Morera entworfene **Plaza La Glorieta** liegen unterhalb der Straße, im Weiler **Las Manchas de Abajo** (direkt 5 S. 58). Die übrigen Häusergruppen gruppieren sich um Las Manchas de Arriba, San Nicolás und Jedey.

Puerto Naos ▶ C 8

In den 1980er-Jahren war Puerto Naos noch ein winziger Fischerort, heute ist es – eingerahmt von Bananenplantagen – das größte Ferienzentrum der Westküste. Rings um die weitläufige Bucht entstanden vierstöckige Apartmenthäuser und eine noch etwas größere Hotelanlage. Schön ist die Uferpromenade: Sie ist mit ▷ S. 60

An der Playa de Puerto Naos findet man alles, was man für einen Strandtag braucht

5 | Wein und ein Schuss Exzentrik – Las Manchas

Lage: Las Manchas de Abajo ▶ D 8

In einem roten Herrenhaus wird man in die Kunst der Kelterei eingeweiht – und kann danach alle Weine La Palmas probieren! Vor der Weiterfahrt macht man eine kurze Pause auf dem Dorfplatz La Glorieta – er ist mit knallbunten Mosaiken ausgelegt, die den Traum vom Paradies erzählen.

Vielfalt auf kleiner Fläche

Wo man sich auch bewegt, sieht man Rebstöcke: Auf La Palma wachsen sie nicht aufrecht am Stock, sondern dicht über dem Vulkanboden. Dies hat den Vorteil, dass sie dem oft starken Wind weniger Angriffsfläche bieten.

So klein die Insel auch ist, bringt sie doch sehr unterschiedliche Weine hervor. Je nachdem, ob die Reben im trockenen Süden oder im feuchten Norden, auf der sonnigen West- oder der oft wolkenverhangenen Ostseite, auf Meeres- oder Berghöhe gedeihen, variiert der Geschmack. Die Vielfalt spiegelt sich in den drei geschützten Herkunftsbezeichnungen *(denominación de origen DOC)* Hoyo de Mazo, Fuencaliente und Norte.

Jeder Winzer, der auf sich hält, versucht seinen Rebensaft unter einem dieser Labels zu vermarkten. Denn der Käufer greift lieber zu einem DOC als zu einem ›normalen‹ Wein, weiß er doch, dass jener aus lokalen Reben hygienisch einwandfrei hergestellt worden ist.

Im Weinmuseum

Zwar gibt es auf La Palma eine Weinroute *(ruta del vino)*, die von einer Bodega zur nächsten führt. Doch weil die Winzer oft auf dem Feld sind, finden Besucher in den Bodegas nicht immer Einlass. Auch aus diesem Grund wurde von der Inselregierung in einem hübsch restaurierten Herrenhaus ein **Museo**

5 | Las Manchas

del Vino 1 eingerichtet. Ausführlich und anschaulich informiert es, auch auf Deutsch, über Geschichte und Herstellung des palmerischen Weins.

Interessant ist die originalgetreu eingerichtete, von säuerlichem Duft durchzogene Bodega im Garten, in der historische Weinpressen, Holzfässer und Transportgeräte ausgestellt sind. Zum Abschluss kann man die edlen Tropfen probieren und bei Gefallen auch kaufen. Auch der Vino de la Tea sollte dabei sein, dem Fässer aus Kiefernholz den typischen harzartigen Beigeschmack verleihen.

Krönung des palmerischen Weins ist der Malvasía Dulce, der aus der kleinen, überreif geernteten Mittelmeertraube gewonnen wird und seine köstliche Süße ohne Zuckerzusatz erreicht.

Beschwipste Visionen

Leicht angeheitert geht man ein paar Schritte hinab zur **Plaza La Glorieta** 2. Inspiriert von Gaudí, von naiver und exotischer Kunst, hat Inselkünstler Luis Morera, auch bekannt als Sänger der Musikgruppe Taburiente, eine paradiesische Landschaft geschaffen. Rieseneidechsen und Pflanzen in allen Farben sind als Mosaik auf dem Boden ausgelegt. Man schreitet über eine Welt hinweg, die heiter und voller Harmonie ist, über ein Inselidyll, das nur in der Fantasie existiert. Dem Zauber tut das keinen Abbruch: Aus dem Mund eines Chamäleons sprudelt Wasser in einen Brunnen, geschwungene Bänke, gleichfalls mit farbenfrohem Mosaik ausgelegt, laden ein zur Rast im Schatten von Hibiskus und Bougainvilleen.

Öffnungszeiten
Casa Museo del Vino 1:
Camino El Callejón 88,
Las Manchas de Abajo,
Tel. 922 49 43 20,
Mo–Fr 9.30–13.30, 16–18.30,
Sa 9.30–14 Uhr, Eintritt 1,50 €.

Essen und Trinken

Der urige, traditionsreiche **Bodegón Tamanca** 1 oberhalb von Las Manchas ist höhlenartig in einen Vulkanberg geschlagen. Man sitzt an Granittischchen, trinkt Wein aus der eigenen Kellerei und verspeist *morcilla* (mit Mandeln und Rosinen abgeschmeckte Blutwurst), *chicharrones* (geröstete, in Gofiomehl gewälzte Speckstückchen) oder *jamón serrano*, den luftgetrockneten, in Keulen von der Decke hängenen Schinken (Carretera General Las Manchas–Los Canarios Km 42, Tel. 922 46 21 55, Di–So 11–24 Uhr, Hauptgerichte ab 6 €). Sehr gut isst man auch im alten Dorffestsaal von **Evangelina** 2, wo zum Inselwein leckere, gut belegte Pizza aus dem Holzkohleofen serviert wird (Carretera General Jedey 27, Tel. 922 49 41 05, http://pizzeria-evangelina.jimdo.com, Fr–Mo 19–23, So auch 13–16 Uhr, Pizza 5–8 €).

Der Südwesten

Palmen und Hibiskussträuchern bepflanzt und ein guter Ort, um mit Blick aufs Meer zu entspannen. An ihrem Nordende kommt man zum winzigen Fischerhafen, dem der Ort seinen Namen verdankt. Weniger attraktiv präsentiert sich Puerto Naos in den hinteren Straßen, wo Apartmenthäuser hochgezogen wurden, die an sozialen Wohnungsbau erinnern; sie rauben einander Sonne und Ausblick – man staunt über so viel Fantasielosigkeit an La Palmas bester Badebucht!

Strände

Hauptstrand des Ferienzentrums ist die 600 m lange **Playa de Puerto Naos** (▶ C 8). Der Strand ist dunkel und mit Kieseln durchsetzt, man kann sein Handtuch im Schatten von Palmen ausrollen und bei ruhiger See in die Fluten steigen. Es gibt Duschen, Umkleidekabinen und Toiletten, Sonnenschirme, Liegen und Tretboote können ausgeliehen werden.

Ist der Ortsstrand überfüllt, gibt es Alternativen: Folgt man der Küstenstraße LP-213 in Richtung Süden, erreicht man bei Km 11 die Zufahrt zu der von Felsen flankierten, aber vorwiegend steinigen **Playa de las Monjas** (▶ C 9). Ausgerechnet hier, am ›Strand der Nonnen‹, wird FKK toleriert. In den Wintermonaten wird der Sand aber oft fortgeschwemmt, dann macht nicht einmal das Sonnenbaden Spaß.

Attraktiver ist die sich anschließende **Playa de Charco Verde** (▶ C/D 9). Der schwarze Lavasand ist von schützenden Felsarmen eingefasst, Bambusschirme spenden Schatten und ein Kiosk serviert kühle Getränke. Bei ruhigem Wellengang kann man hier gut schwimmen. Auf einem Felsplateau oberhalb des Strandes kann man Apartments ab 45 € pro Tag mieten: entweder in der Villa Marta (www.bungalowslapalma.com) oder in der Villa Carlos (http://la-palma.travel).

Noch weiter südlich, wo die Küstenstraße (vorerst) endet, kommt man zur steinigen Bucht von **El Remo** (▶ D 9). Schaut man von der urigen Strandbar (am besten: 7 Islas) aufs Meer, bleibt einem der Anblick der Bausünden erspart: ein architektonischer Wildwuchs aus Apartments und zusammengezimmerten Zweitwohnungen.

> **Abstecher zur Playa Nueva:** Auch nördlich von Puerto Naos gibt es mit der **Playa Nueva** (alias Playa de los Guirres ▶ C 8) eine hübsche, aber im Winter meist steinige Badebucht mit Kiosko (Getränke und kleine Gerichte) und Küstenpromenade. Die Anfahrt ist etwas kompliziert: Abzweig Richtung Bombilla, an der Gabelung nach 600 m geradeaus, nach 300 m links und sogleich wieder rechts, dann nach 500 m rechts, 150 m weiter links einschwenken und nun noch knapp 1km bis zum Parkplatz oberhalb der Playa Nueva!

Übernachten

Am schönsten wohnt man in erster Strandlinie mit Blick auf Promenade und Meer; in den hinteren Straßen ist das Ambiente trist.

In die Jahre gekommen – **Sol La Palma:** Playa de Puerto Naos, Tel. 922 40 80 00, www.melia.com, DZ ab 80 €. Eine Ferienanlage am Strand, wie man sie im Süden Teneriffas erwarten mag, nicht aber auf La Palma. Mit fünf Stockwerken und 307 Zimmern ist das Hotel eine Spur zu groß geraten, dazu kommen noch 163 Apartments in Nachbargebäuden. Es wird viel ›animiert‹, es gibt Bars und Restaurants sowie einen Pool-Garten. Die Anlage verfügt über Sauna und Massage, Tennishartplatz

Los Llanos de Aridane

und Minigolf – und dies alles gegen Gebühr.
Freundlich – **Playa Delphin:** Calle José Guzmán Pérez 1, Tel. 922 40 81 94, www.playadelphin.com, DZ ab 58 €. Ein Rundbau an der Strandpromenade mit 13 Apartments, alle mit Holz- und Korbmöbeln freundlich eingerichtet und mit Blick aufs Meer vom Balkon. Je höher man wohnt, desto leiser. Die Rezeption ist nur sporadisch besetzt, am Sonntag bleibt sie geschlossen.
Günstig – **Agentur La Palma Hola S.L.:** Puerto Naos 438, Tel. 922 40 82 20, www.lapalmahola.de, Mo–Fr 10–12 Uhr. Am oberen Ortseingang vermittelt Doris Krepke Häuser und Apartments rund um Puerto Naos.

Essen und Trinken

Treff an der Promenade – **El Bucanero:** Paseo Marítimo 23, Tel. 663 84 80 08, Mo 14–2, Di–So 10–2 Uhr, kleine Gerichte ab 6 €. Bei Señora Laly gibt es Bio-Kuchen und Sandwiches, Tee, Kaffee und Wein, ab 20.30 Uhr oft Live-Musik.
Über dem ›kleinen Strand‹ – **Playa Chica:** Paseo Marítimo 4, Tel. 922 40 84 52, Mi–Mo 12–23 Uhr, Gerichte ab 7 €. Von der Terrasse am Nordende der Bucht genießt man den Blick aufs Meer, Pedro serviert frischen Fisch und Meeresfrüchte.
Über den Wellen – **Las Olas:** Paseo Marítimo 14, Tel. 922 40 80 26, Fr–Mi 12–23 Uhr, Sandwiches ab 2 €. Die stimmungsvolle Terrasse an der Hafenbucht ist gut besucht, hier gibt es Snacks, aber auch gute Calamares.

Einkaufen

Kunsthandwerk und Kulinarisches – Längs der Promenade reihen sich Läden und Boutiquen mit originellem Schmuck und Kunsthandwerk, Stickereien, Honig und Wein.

Sport und Aktivitäten

Paragliding – **Palmaclub:** Paseo Marítimo s/n, Tel. 610 69 57 50, www.palmaclub.com. Wer im Drachenflug von hohen Bergflanken hinabgleiten will, nimmt Kontakt mit Javier oder Roger auf: am Südabschnitt der Promenade.
Radfahren – **Bike Station La Palma:** Av. Cruz Roja 3, Tel. 922 40 83 55, www.bike-station.de, So geschl. Es werden E- sowie Mountainbikes verliehen und Fahrradtouren organisiert. Mit Taxi und Kleinbus fährt man in die Berge hinauf, wo die Ausflüge starten.
Tauchen – **Tauchpartner La Palma:** Paseo Martimo 1-A, Calle José Guzmán Pérez 1 (Ap. Playa Delfín), Tel. 922 40 81 39, www.tauchpartner-lapalma.de, So geschl. Die Tauchbasis an der Promenade bietet Kurse und geführte Tauchgänge.
Wandern – Vorstellung der Touren abends im Hotel **Sol La Palma**.

Ausgehen

In Puerto Naos geht alles seinen ruhigen Gang: Die meisten trinken etwas an der Promenade und schauen zu, wie die Sonne im Meer versinkt. Ab 21 Uhr werden im Hotel Sol Discos und Shows geboten.

Verkehr

Bus: Die zentrale Haltestelle befindet sich am Ortseingang. Linie 204 verbindet Puerto Naos stündlich mit Los Llanos, alle 2 Std. mit Charco Verde.
Taxi: Tel. 628 67 61 10.

Los Llanos de Aridane

▶ C 6, Cityplan S. 64

Die Stadt liegt inmitten eines weiten, sonnenverwöhnten Tals in unmittelbarer Nähe zur Caldera. Verkehrsreiche, palmenbestandene Boulevards und Fla-

Der Südwesten

In Los Llanos de Aridane sind fast alle Altstadtgassen verkehrsberuhigt

nierstraßen, Boutiquen und eine lebendige Gastro- und Kultur-Szene trugen Los Llanos den Beinamen ›heimliche Hauptstadt‹ ein. Dank des Bananenbooms ist die Bevölkerungszahl in den letzten Jahrzehnten unaufhaltsam gestiegen; mit mehr als 21 000 Bewohnern und vielen ausländischen Residenten hat Los Llanos die reale Hauptstadt Santa Cruz souverän überholt.

Auf den ersten Blick erscheint das Leben in dieser Stadt hektisch und so gar nicht palmerisch. Dieser Eindruck wird korrigiert, sobald man das Zentrum erreicht. Auf der verkehrsberuhigten **Plaza de España** mit Rathaus, Kirche und indischen Lorbeerbäumen könnte man Stunden verbringen. Der Platz ist Treffpunkt von Jung und Alt, mehrere Cafés laden zum Verweilen ein. Vor dem Casino sitzen in Korbsesseln zigarrenrauchende Männer und mustern freundlich-skeptisch die vorbeiflanierenden Besucher. Im Schatten der Kirche führt eine Passage zur romantischen **Plaza Chica,** dem ›kleinen Platz‹ (der offizielle Name lautet Plaza de Elias Santos Abreu). Rings um einen alten Steinbrunnen recken sich schlanke Palmen mit Fächerkronen, Bänke laden zur Siesta ein.

Einen Abstecher lohnen aber auch die ostwärts laufenden, mit Pastellfarben aufgehübschten Gassen. Dort entdeckt man alte Bürgerhäuser, nette Lokale und interessante Geschäfte. Westwärts geht es zur Markthalle, südwärts über eine Fußgängerstraße in die moderne Geschäftswelt.

Iglesia de Nuestra Señora de Los Remedios [1]

Plaza de España s/n, tgl. 9–14, 17–19 Uhr

Die dreischiffige Kirche aus dem 17. Jh. birgt einen goldstrotzenden Hochaltar mit einer von einem Strahlenkranz eingefassten Madonnenfigur, geschaffen

Los Llanos de Aridane

von flämischen Künstlern im Stil der Renaissance. Über dem Altar wölbt sich eine kunstvoll bemalte Holzdecke im Mudéjar-Stil.

Museo Arqueológico Benahoarita 2
Calle Las Adelfas 1, Mo–Sa 10–20, So 10–14 Uhr, Eintritt 4 €

Im kreisrunden, dreistöckigen Bau wird man multimedial in die Kultur der *Benahoaritas*, der Ureinwohner La Palmas eingeführt. Man sieht die Nachbildung einer Wohn- und Grabeshöhle und erfährt Interessantes über die Bestattungsriten. Archäologische Fundstücke komplettieren die Ausstellung: tönerne Idolfiguren mit betonten Geschlechtsmerkmalen, Ketten und Ohrringe, Werkzeuge, Fell und Skelette.

Plaza de Argual 3
Argual Abajo, LP-2, 2 km westlich Los Llanos an der Straße nach Tazacorte

Der ungepflastert-romantische Platz bildet die ideale Kulisse für Kolonialfilme. Ringsum stehen teils restaurierte, teils verwitterte Häuser von Konquistadoren und Kaufleuten aus dem 16. Jh., so das Haus der Monteverde (Nr. 6) und die ehemalige Hacienda (Nr. 4). Der Palast der Morriña (Nr. 35) ist Sitz der Bananenkooperative, in der Casa Massieu (Nr. 31), einem Haus mit galeriengeschmücktem Innenhof, wird Kunsthandwerk verkauft (Mo–Fr 8–14 Uhr).

Im Schatten der riesigen Arakaurien findet jeden Sonntag ein *rastro* (Flohmarkt) statt.

Übernachten
Modern – **Trocadero Plaza** 1: Calle Las Adelfas 12, Tel. 922 40 30 13, www.hoteltrocaderoplaza.com, DZ ab 78 €. Das moderne Dreisternehotel mit 18 Zimmern hat den Komfort, den sich Geschäftsleute wünschen: Sat-TV, Gra-

Im Archäologischen Museum wird der Alltag der Ureinwohner La Palmas wieder lebendig

Los Llanos de Aridane

Sehenswert
1. Iglesia de Nuestra Señora de Los Remedios
2. Museo Arqueológico Benahoarita
3. Plaza de Argual

Übernachten
1. Trocadero Plaza
2. Valle de Aridane
3. Edén

Essen und Trinken
1. San Petronio
2. El Hidalgo
3. Tasca La Fuente
4. La Luna
5. Utopia
6. Café Frida

Sport und Aktivitäten
1. Bike 'n' Fun

---

tis-WLAN und Klimaanlage. Alle Zimmer mit kleinem Balkon und Blick aufs Archäologische Museum, auf dem Dach ist ein nettes Solarium.

Zuverlässig – **Valle de Aridane 2**: Calle Glorieta Castillo Olivares, Tel. 922 46 26 00 www.hotelvallearidane.com, DZ ab 56 €. Das Dreisternehotel westlich vom Stadtzentrum ist bei Wandergruppen beliebt. Die 42 Zimmer verfügen über Sat-TV, nach vorn (ab dem dritten Stock aufwärts) mit Aussicht auf die Caldera.

Sehr gute Lage – **Edén 3**: Plaza de España/Calle Ángel 1, Tel. 922 46 06 98, Mobiltel. 627 12 40 31 (Sara), hoteleden lapalma@hotmail.com, DZ ab 45 €. 1969 eröffnetes Hotel am Hauptplatz, sechs der 19 Zimmer haben Balkon und Plaza-Blick. Mit Dachterrasse und Liegen.

Essen und Trinken

Frisch und hausgemacht – **San Petronio 1**: Camino Pino de Santiago 40, Tel. 922 46 24 03, Mo 13–16, Di–Sa 13–16, 19–22.30 Uhr, Hauptgerichte ab 7 €. Authentische italienische Küche auf einem Aussichtsberg hoch über der Stadt mit Blick bis zum Meer. In der offenen Küche werkelt Eliseo, seine Frau María del Mar serviert: Creme-Suppen, Patés und Carpaccio sowie köstliche hausgemachte Pasta – die Torten werden zum Aussuchen auf einem Wägelchen herangerollt. Man sitzt gemütlich unter dem offenen Dachstuhl oder draußen auf der Terrasse. Anfahrt: Am Kreisverkehr Richtung El Paso in die Calle Eusebio Barreto einbiegen, dann der Ausschilderung folgen.

Nicht nur Veggie – **El Hidalgo 2**: Calle La Salud 21, Tel. 922 46 31 24,

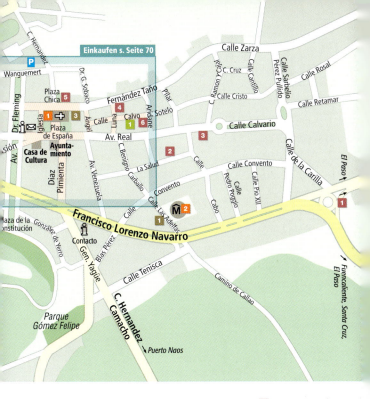

www.lapalma-hidalgo.com, Do–Mo 13–16, 19–23 Uhr, Hauptgerichte ab 9 €. Traditionsreiches, von Deutschen geführtes Restaurant in einer ruhigen Altstadtgasse, auch bei Einheimischen beliebt. Am schönsten sitzt man im hübschen Garten. Palmeros bevorzugen Fleischgerichte, Deutsche essen meist vegetarisch, z. B. Tofu mit Champignons oder eine der vielen Salatvariationen. Nicht auf der Speisekarte stehen Kaninchen und Ziegenfleisch.

Für zwischendurch – **Tasca La Fuente** 3: Av. Real 70, Tel. 922 46 38 56, Mo–Sa ab 17 Uhr, Hauptgerichte ab 8 €. Von Deutschen geführtes Altstadtlokal mit stimmungsvollem Innenhof. Gereicht werden deftige Tapas, Spinatlasagne, Gemüsegerichte und Eintöpfe. Zur Verdauung empfiehlt sich der hausgemachte Likör.

Locker – **La Luna** 4: Calle Fernández Taño 26 (Querstraße Calle Luna), Tel. 922 40 19 13, http://lalunalapalma.com, Mo–Sa 12–14.30, 19–2 Uhr, Gerichte ab 7 €. Das Lokal in einem alten Bürgerhaus aus dem 18. Jh. bietet kleine Gerichte und gute Musik.

Abwechslungsreich – **Utopia** 5: Calle Fernández Taño 9 (Plaza Chica), Mo–Sa ab 10–14 und 18–2 Uhr, kleine Gerichte ab 4 €. Morgens ein gutes Frühstück, mittags Tapas und belegte Brötchen und abends raffinierte Cocktails.

Für Kunstfreunde – **Café Frida** 6: Calle Calvo Sotelo 24, Tel. 922 46 51 10 www.frida-lapalma.com, Mo–Fr 11–18, Sa 9–16 Uhr, ab 3 €. Ein Porträt der Mahlerin Frida Kahlo schmückt die Lounge, regelmäßig werden Arbeiten von Fotokünstlern ausgestellt. Gern

Der Südwesten

kommen Gäste schon zum Frühstück, genießen die Baguettes und den Kaffee aus einer Hamburger Rösterei, im weiteren Tagesverlauf auch Kuchen und Eis.

Einkaufen direkt 6 ▶ S. 67

Sport und Aktivitäten
Radfahren – **Bike 'n' Fun** 1: Calle Calvo Sotelo 20, Tel. 922 40 19 27, www.bikenfun.de. Seit vielen Jahren werden hier Fahrräder vermietet und auch Touren organisiert. Angeschlossen ist eine Reparaturwerkstatt.
Wandern – Los Llanos ist der ideale Ausgangspunkt für Touren in der **Caldera de Taburiente**.

Infos
Oficina de Turismo: Av. Dr. Fleming s/n, Tel. 922 40 25 83, oitaridane@lapalmacit.com, Sa- und So-Nachmittag geschl. Neben der Turmuhr im Untergeschoss der Promenade, gibt es Hinweise auf anstehende Veranstaltungen. Außerdem erhält man hier Broschüren, Bus- und Stadtpläne.

Termine
Karneval: Februar/März. Während der Fiesta de Carnaval gibt es die Wahl einer Königin, große Partys und die ›Beerdigung der Sardine‹.
Fiesta Virgen de los Remedios: 2. Juli. Alle zwei Jahre (ungerade Zahl) wird Mariahilf mit Musik, Tanz und Theater geehrt.
Nuestra Señora de las Angustias: 15. Aug. Mariä Himmelfahrt mit feierlicher Prozession.

Verkehr
Bus: Der Busbahnhof liegt westlich des Stadtzentrums nahe der Markthalle. Linie 300 fährt alle 30–60 ▷ S. 71

Puros Palmeros: Die Qualitätszigarren aus La Palma erhält man bei Teimi in der Calle Iglesia

6 | Bio, Lava und Design – Einkaufen in Los Llanos de Aridane

Cityplan: S. 70

Shopping in Los Llanos bereitet Vergnügen – die ›heimliche Hauptstadt‹ zeigt, welche Stärken sie hat. Ihre schönsten Läden haben mit Natur zu tun: Man entdeckt Schmuck aus Lavagestein, legere Mode aus Seide, Baumwolle und Leinen sowie Inseldelikatessen, die garantiert frei von Schadstoffen sind!

In Los Llanos de Aridane leben die Wasser- und Bananenbarone der Insel, aber auch viele wohlhabende deutsche Residenten; dazu kommt eine große Zahl von Urlaubern, die im Valle de Aridane, im weiteren Umkreis der Stadt, Quartier nehmen. Die zahlungskräftige Kundschaft sorgt für Vielfalt: Der Bogen spannt sich von trendigen, oft von Deutschen geführten Boutiquen bis hin zu palmerischen Traditionsläden. Dazu gibt es einen Bauernmarkt und einen Flohmarkt zum Stöbern am Sonntag.

Farbrausch

Der Bummel startet dort, wo es am schönsten und lebendigsten ist: an der Plaza de España.

An ihrem östlichen Kopfende fällt ein Schaufenster in den Blick, auf dem geschrieben steht: »Vorsicht! Diese Kleider können Ihr Leben verändern.« Wer sich dennoch hineinwagt, betritt ein Reich der Farben. Im **Nueva Vida** 1 scheinen alle Naturtöne der Erde versammelt: von Perlmuttweiß über Löwenzahngelb bis zu Olivgrün, von Blau, Rot und Braun in allen Nuancen bis hin zu tiefem Schwarz. Susanne Schäfer, von Haus aus Psychologin, möchte die Sensibilität für jene Farben schärfen, die die Persönlichkeit besser zur Geltung bringen. Deshalb hat sie auch wälzerdicke Musterkataloge, in denen man sich seinen ›Traumstoff‹ aussuchen kann. Denn nicht nur auf die Farbe, auch auf die Textur kommt es an: Fließt ein Stoff oder ist er eher rau,

Der Südwesten

glänzt er oder ist er stumpf, lässt er die Haut durchscheinen oder hat er Muster? Eine Maßschneiderei hat Frau Schäfer (noch) nicht, doch alle Kleidungsstücke sind lässig und vielseitig verwendbar.

Der Berg ruft

Auf einer Wanderinsel darf ein Outdoor-Laden nicht fehlen. Bei **Valleverde** 2 finden Aktivurlauber alles, was sie für ihre nächste Gipfeltour brauchen: Wanderschuhe, Trekking-Stöcke; atmungsaktive Hemden, Shirts und Jacken, ein großes Angebot kuschelweicher Fleece-Sweater, Kindertragen zum Leihen, Rucksäcke, Schlafsäcke, Zelte u. v. m. Silvia Heckel gibt zudem Tipps zur Organisation von Wandertouren.

Was Kleidung angeht, so macht ihr **Árbol de Vida** 3 mit den Labels ›Patagonia‹ und ›Blue Willi's‹ gewisse Konkurrenz. Auch gibt es dort Jacken aus recycltem Plastik, Zipper-Hosen und Kleider im poppigen Dirndl-Stil.

Ein anderes Konzept verfolgt **Diseño** 4 nebenan: Barbara Much und Sabine Fieting bieten »in heiterem Ambiente, zu beschwingtem Preis« (O-Ton) Produkte aus naturbelassenen Materialien, möglichst handgefertigt auf La Palma. Schlicht und schön sind die von Helga aus Puntagorda hergestellten Ledertaschen; ganz ohne Schnickschnack kommen die von Riccardo produzierten Andenken aus: Schmuckartikel aus schwarzer Lava und grünem Olivin, einem in Vulkangestein eingelassenen Halbedelstein.

Ein Kunsthandwerker deutschen Ursprungs ist Steffen Heidemann. In seinem Atelier für Gold- und Platinschmuck, genannt **El Orfebre** 5, stellt er elegante, formstrenge Hand- und Ohrringe, Colliers und Armbänder her – auf Wunsch nach Maß.

Puros Palmeros

»Den besten Tabak der Welt gibt es in El Pinar del Río auf Kuba und auf La Palma!« Señor Agustín muss es wissen, denn er ist leidenschaftlicher Raucher.

Die Kunst der Zigarrenherstellung hatten aus Kuba zurückgekehrte Palmeros Ende des 19. Jh. mitgebracht. Seitdem wird in ausgesuchten Insellagen Tabak angebaut, der in Handarbeit zu *Puros Palmeros* (Zigarren aus La Palma) gerollt wird. Sie sind ein Synonym für Qualitätsarbeit, jede einzelne trägt das Siegel der Inselregierung. Verkauft werden sie in unterschiedlichen Größen, schmal und dick, 12 cm kurz und doppelt so lang.

Im dekorativen Kästchen verpackt erhält man sie bei **Teimi** 6, das obendrein ein opulentes Souvenir-Angebot auf Lager hat.

Bio und Delikatessen

Ökologische Landwirtschaft hat auch auf La Palma an Bedeutung gewonnen, immer mehr Läden führen jetzt Bio-Produkte.

Mundo Oliva 7, einen besonders schönen Delikatessenladen, entdeckt man in der Av. Dr. Fleming. In keinem anderen Geschäft der Insel bekommt man so viele verschiedene und wohlschmeckende Oliven wie hier – außerdem diverse Bio-Produkte, Öle und Essige, Wein und Likör, Käse und Wurst.

Für Leckermäuler

Wer Mandeln in süßer Form bevorzugt, findet in der **Repostería Matilde Arroyo** 8 einen kannten Traditionsladen: Seit über fünfzig Jahren werden hier *almendros* (Makronen) und *rapaduras* (zuckerhutförmiges Gebäck), *bienmesabe* (süßes Mandelmousse) und *queso de almendra* (Mandelkuchen) hergestellt – inzwischen nicht mehr von Señora Matilde, sondern von Sohn Francisco.

6 | Einkaufen in Los Llanos de Aridane

Zum echten Einkaufsvergnügen gehören auch die Pausen

Alles Käse

Eine Welt für sich ist der palmerische Ziegenkäse: Er entstammt der Milch einer autochthonen, langhaarigen Ziegenart, die sich nur davon ernährt, was sie an La Palmas Steilhängen findet: Wildkräuter, Wolfsmilchgewächse und Ginster. Ihre Milch wird mit natürlichem Lab zum Gerinnen gebracht, anschließend abgeseiht und gepresst.

Obwohl der Geschmack je nach Saison und Grünzeug variiert, lässt sich doch ein typischer Geschmack herausfiltern: Junger Käse, *tierno* genannt (7–20 Tage Reife) zergeht auf der Zunge und schmeckt fruchtig-säuerlich. Beim halbreifen *semicurado* (20–45 Tage) kommen leicht bittere Töne auf. Ein reifer *curado* (45–100 Tage) hinterlässt einen kräftigen Nachgeschmack. Dann gibt es noch den alten *(viejo)* und den uralten *(añejo)* Palmero (bis 270 Tage oder mehr). Beide haben einen intensiv pikanten Geschmack und sind so trocken, dass sie sich zerbröckeln lassen. Unvergesslich ist der Räucherkäse *(ahumado)*, der den Geschmack vom Brennmaterial bewahrt: Mandelschalen, Kiefernnadeln und getrocknete Kaktusblätter.

Die EU hat dem palmerischen Käse herausragende Qualität bescheinigt und ihm die höchstmögliche Auszeichnung verliehen *(denominación de origen protegida queso palmero)*. Erhältlich ist *queso palmero* nicht nur im gut sortierten Lebensmittelladen, sondern auch in der kleinen **Markthalle** [9] *(Mercado)*, wo sich bis zu 15 kg schwere Laiber auf dem Tresen stapeln.

Käse, Obst und Gemüse frisch vom Erzeuger bekommt man auch auf dem **Mercadillo del Agricultor** [10], einem Bauernmarkt, der jeden Sonntag auf dem Mittelstreifen der Av. Dr. Fleming stattfindet.

Der Südwesten

Stöbern und Staunen

Jeden Sonntag kann man vorerst noch auf dem **Flohmarkt** 11 *(Rastro)* in Argual Abajo herumstöbern. Auf dem weitläufigen Platz stellt unter Eukalyptus- und Lorbeerbäumen ein internationales Völkchen von Aussteigern, Alt- und Neu-Hippies seine Waren aus. Aber auch die Palmeros von Jung bis Alt verkaufen hier alles, was nicht niet- und nagelfest ist, Altes und Neues und viel Kunsthandwerk.

In einer Ecke des Platzes entdeckt man **Artefuego** 12, in dem die ›Kunst des Feuers‹ zelebriert wird. Dominik Kessler und Wladyslaw Gozdz laden zu öffentlichen Vorführungen am Ofen ein: Wenn sie ins heiße Element blasen, entsteht zunächst ein bunter Riesenkaugummi, der sich bei näherem Hinsehen als glühendes Glas entpuppt. Zu ihrem Schaffen lassen sie sich durch Naturelemente der Vulkaninsel inspirieren – besonders schön sind die Gläser mit eingeschmolzenem Lavagestein.

Adressen und Öffnungszeiten

Die Geschäfte sind zu den inselüblichen Zeiten geöffnet, also Mo–Fr 10–13 (oder 14) und 17–19 (oder 20), Sa 10–13 (oder 14) Uhr. Abweichungen sind in der Liste aufgeführt:

Nueva Vida 1: Calle Calvo Sotelo 4, www.lapalma-mode.com
Valleverde 2: Calle Calvo Sotelo 22, www.valleverde-lapalma.com
Árbol de la Vida 3:
Calle Fernández Taño 1
Diseño 4: Calle Fernández Taño 1, www.diseno-lapalma.com
El Orfebre 5: Calle Calvo Sotelo 10
Teimi 6: Calle Iglesia 5
Mundo Oliva 7:
Av. Dr. Fleming 20
Repostería Matilde Arroyo 8:
Calle Benigno Carballo 6,
Mo–Fr 9–14, 17–20 Uhr
Mercado 9: Juan XIII / Ecke Ramón Pol, Mo–Sa 8–14 Uhr
Mercadillo del Agricultor 10:
Av. Dr. Fleming s/n, So 9–13 Uhr
Rastro 11: Llano de Argual (Argual Abajo), So 9–14 Uhr
Artefuego 12:
Llano de Argual 29 (Argual Abajo),
www.artefuego.com,
mit Vorführungen So 10–14 Uhr

Min. direkt, Linie 100 im weiten Nordbogen, Linie 200 im weiten Südbogen alle 2–4 Std. nach Santa Cruz; mit Linie 204 kommt man stdl. nach Puerto Naos, mit Linie 205 alle 2 Std. nach Las Manchas und mit Linie 207 stdl. nach Tazacorte und Puerto de Tazacorte.
Taxi: Tel. 922 46 27 40.

Tazacorte ▶ C 7

Mit romantischen Plätzen und verwinkelten Gassen bewahrt sich die Altstadt von Tazacorte südländisches Flair. Unterhalb der nur einseitig bebauten Avenida de la Constitución, die sich in weitem Bogen durch den Ort spannt, erstreckt sich bis zur Küste ein Meer von Bananenstauden.

Oberhalb der Straße, an der von Bougainvilleen umrankten Plaza de España, treffen sich gern die Palmeros. Daneben ragt die **Iglesia de San Miguel Arcángel** auf, errichtet auf einer ersten, 1492 erbauten Kapelle. Benannt ist sie nach dem Inselpatron, dem Hl. Erzengel Michael, an dessen Namenstag die *Conquista* der Insel begann.

Unterhalb der Casa Massieu verlängert sich die Calle Miguel Unamuno in eine Piste, die durch Bananenplantagen zu einer dramatischen Abbruchkante führt. Dort genießen Sie vom gut gepflasterten **Camino del Litoral** eine prächtige Aussicht!

Casa Massieu

Unterhalb der Plaza de España und der Avenida lugen aus dem Bananenmeer stattliche Häuser hervor: Sie gehören zum Barrio El Charco, jenem historischen Viertel, in dem einst die Begüterten lebten. Eine ihrer prächtigsten Residenzen, die Casa Massieu, mit einem schönen Garten, wurde in eine Galerie verwandelt (Calle Pérez Galdós 9).

Museo del Plátano

Calle Miguel Unamuno s/n, meist Mo–Fr 10–13.30, 16–18.30 Uhr, Sa 11–13.30 Uhr, Eintritt 2 €
Das ockerfarbene Haus inmitten der Bananenstauden beherbergt das Bananenmuseum und erzählt die Geschichte der für die Insel so wichtigen Frucht.

Übernachten

Voller Kunstschätze – **La Hacienda de Abajo:** Calle Miguel de Unamuno 11, Tel. 922 40 60 00, www.hotelhaciendadeabajo.com, DZ ab 190 €. Ein auf den Kanaren einzigartiges Hotel mitten in den Bananenplantagen: Nachfahren kanarischer Adelsfamilien haben das ehemalige Gutshaus um Anbauten in historisierendem Stil erweitert und alle Räume, auch die Kapelle, das Badehaus und die 32 Hotelzimmer mit Kunstwerken geschmückt – insgesamt mehr als 1000 Gemälde und Statuen! Dazu gibt es einen prachtvollen tropischen Garten mit Pool und sehr freundlichen Service. Kinder sind in diesem Hotel wegen der vielen zerbrechlichen Objekte nicht zugelassen.

Essen und Trinken

Genuss! – **Carpe Diem:** Calle Nueva 16, Tel. 922 48 02 35, Mi–So 17–22 Uhr, Hauptgerichte ab 7 €. Viel Kreativität legt Profi-Koch Holger an den Tag, der es liebt, Kanarisches fantasievoll zu verfremden. Da gibt es orientalische Rinderspießchen mit Dattel-Chutney, feinste Kaninchen-Lasagne und viel Salat, marinierte Gemüsetürmchen und Avocado-Tatar. Fragen Sie Holger oder Tina nach den Tagesgerichten! Das Lokal ist mit viel Holz gemütlich eingerichtet, ein angenehmer Abend ist garantiert.

Der Südwesten

Tazacortes Bananenhain mit dem Hotel Hacienda de Abajo

Infos und Termine
Oficina de Turismo: Calle Isidro Guadalupe/Ecke Fernández de la Guerra, Tel. 652 67 96 70, www.tazacorte.es, Mo–Fr 10.30–12.30 und 16–17.30, Sa 11–13.30 Uhr. Info-Häuschen oberhalb des Kirchplatzes.
Fiesta de San Miguel: 29. Sept. Das Patronatsfest wird rund um die Kirche gefeiert und erreicht seinen Höhepunkt mit dem ›Pferdetanz‹. Nachts steigt ein großes Feuerwerk.

Verkehr
Bus: Linie 207 hält an der Hauptstraße und verbindet den Ort etwa stdl. mit Los Llanos de Aridane und Puerto de Tazacorte.
Taxi: Tel. 922 48 04 10.

Puerto de Tazacorte
▶ B 7

Wo sich der Barranco de las Angustias, die ›Schlucht der Ängste‹, zum Meer hin öffnet, liegt Tazacortes Hafen. Zwischen hohen Steilwänden spannt sich eine mit schwarzem Lavasand aufgeschüttete, durch Wellenbrecher geschützte Badebucht. Dahinter stapeln sich Häuser, die durch mediterrane Farben aufgehübscht wurden. Die Gassen sind mit Kopfstein gepflastert und überall sind Blumen gepflanzt – ein schöner Ort, um einen Badetag zu verbringen und frischen Fisch zu essen!

Santuario de Las Angustias
LP-120 (Barranco de las Angustias), tgl. 9–18 Uhr
In Puerto de Tazacorte betraten am 29. September 1492 die spanischen Truppen zum ersten Mal palmerischen Boden. Von hier zogen sie durch die ›Schlucht der Ängste‹ in die Caldera-Festung, in der sich die Ureinwohner verschanzt hatten. Als Dank für ihren Sieg stifteten sie der Schmerzensmadonna eine schöne Kirche 1,6 km von der Küste entfernt. Sie erhebt sich auf einem großen Festplatz über dem Bar-

Puerto de Tazacorte

ranco-Grund. Der Hochaltar mit ausdrucksstarken Heiligenskulpturen wurde im 16. Jh. von flämischen Künstlern geschaffen. Sehenswert ist auch die Kassettendecke aus Holz!

Essen und Trinken

Bestes Ambiente – **La Taberna del Puerto:** Plaza Castilla 1, Tel. 922 40 61 18, www.lapalma-restaurant.info, tgl. 12–23 Uhr, Hauptgerichte ab 8 €. Die ›Taverne‹ ist ein toller Ort für den Sonnenuntergang: mit Holztischen über dem Strand, gutem Wein und mediterran inspirierter Küche. Alles, was frisch ist, wird auf einer Tafel angeschrieben; für Vegetarier gibt es Spezialteller.

Der Klassiker – **Playa Mont:** Av. del Emigrante s/n, Tel. 922 48 04 43, www.playamont.com, Fr–Di 13–16, 18–23 Uhr, Hauptgerichte ab 9 €. Man sitzt in Holzkajüten oder unter Kokospalmen auf der Terrasse und genießt die Vielfalt des Meeres, Langusten gibt es nur nach Vorbestellung.

Angenehm locker – **Teneguía:** Paseo Marítimo s/n, Tel. 922 40 61 36, tgl. 12–23 Uhr, Hauptgerichte ab 6 €. Fisch und Meeresfrüchte gibt es hier frisch und reichlich, auch ein günstiges Menü wird angeboten.

Sport und Aktivitäten

Bootsausflug (direkt 71 S. 74)

Termine

Fiesta del Carmen: 16. Juli. Die Schutzheilige der Fischer wird mit einer Bootsprozession geehrt.

Verkehr

Bus: Linie 207 verbindet Puerto de Tazacorte etwa stündlich mit Tazacorte und Los Llanos de Aridane.
Taxi: Tel. 922 48 09 66.

In Puerto de Tazacorte genießen Sie maritimes Ambiente und gutes Essen – Fisch und Meeresfrüchte bringt die Ortsflotte, dazu gibt es Aquakultur

7 | Auf der Suche nach Walen – Bootstrip ab Puerto de Tazacorte

Karte: ▶ B 7

In den Gewässern der Kanaren leben viele Wale und Delfine. Hat man Glück, sieht man einige beim Spiel über den Wellen. Doch auch wenn sich kein Tier blicken lässt, ist der Trip erlebnisreich: Man sieht La Palmas schroffe Küste, wirft einen Blick in die ›schöne Grotte‹ und nimmt ein Bad am einsamen Strand.

Wunderwesen

Wussten Sie, dass in kanarischen Gewässern 26 Wal- und Delfinarten leben? Kleine Zahnwale und Tümmler, aber auch große Orcas, Blau-, Finn-, Sei- und Pottwale. Eine Kolonie von mehreren Hundert Pilotwalen ist zwischen den Westinseln sesshaft geworden, was angesichts ihres Nomadenlebens auf den Weltmeeren ungewöhnlich ist. Vermutlich liegt es daran, dass nahe den Inseln der Atlantik bereits bis zu einer Tiefe von über 1000 m abfällt und in den Bodenrinnen die Riesenkrake, Lieblingsnahrung der Pilotwale, heimisch ist. Einem Team kanarischer Wissenschaftler gelang es, einen aus dem Meer springenden Pilotwal mit einer Riesenkrake im Maul zu fotografieren. Diese Krakenart mit 10 bis 20 m (!) langen Fangarmen und einem Gewicht von einer Tonne muss für den Wal fürwahr eine Götterspeise sein, bedenkt man, dass er selbst ›nur‹ drei Tonnen wiegt und maximal eine Länge von 8 m erreicht.

Auf Jagd geht der Pilotwal (s. Foto) allein, sonst bewegt er sich in einer Gruppe, die einem Leittier, dem ›Piloten‹ folgt. Untereinander verständigen sich die Meeressäuger mittels akustischer Signale: Ein Tonrepertoire aus Lauten, die pro Minute Dutzende von Malen wiederholt werden können. Studien ergaben, dass jedes Tier sein eigenes Signal hat, das die Funktion eines Namens erfüllt. Der Name wird von anderen Tie-

7 | Bootstrip ab Puerto de Tazacorte

ren erlernt und dient der Kommunikation, um im trüben Wasser oder über weite Strecken in Kontakt zu bleiben.

Bootsausflug

Zwei- bis dreimal täglich, ruhige See vorausgesetzt, starten zwei Ausflugsboote vom **Puerto** 1, dabei hofft man Delfine zu sehen. Laut Gesetz darf sich das Boot den Meeressäugern nur bis auf max. 60 m nähern und keine akustischen Signale verwenden, da diese die geräuschempfindlichen Tiere irritieren könnten. Auch sollte der Bootsführer Wesentliches zum Verhalten der Tiere mitteilen können. Eine Garantie, Delfine zu sehen, gibt es nicht. Doch auch wenn sich die Tiere nicht blicken lassen, ist die Fahrt, sofern man seefest ist, ein Vergnügen. Dann wird die ›Wal-Safari‹ kurzerhand zur Küstentour: Zunächst geht es zur **Cueva Bonita** 2, die mit ihrem faszinierenden Farb- und Lichtspiel an Capris Blaue Grotte erinnert. Allerdings nähert sich der Kapitän der Höhle nur bei niedrigem und ruhigem Wasser – größte Vorsicht ist angesagt, nachdem vor etlichen Jahren bei einem die Höhle nicht rechtzeig verlassenden Boot mehrere Menschen im Hochwasser ums Leben kamen. Auf dem Programm steht auch der Besuch eines einsamen Sandstrandes, meist der **Playa de la Veta** 3, wo es sich schön schnorcheln und schwimmen lässt. Eine Gaudi nicht nur für Kinder ist die Fahrt auf der ›Banane‹, einem aufgeblasenen, die Wellen durchpflügenden Motorboot.

Drei Boote zur Wahl
Fancy II: Angeboten werden die Nordroute, die Delfin- und Walsafari und die Sonnenuntergangsfahrt: 35–50 €, Mobiltel. 609 53 13 76, http://fancy2.com/de. **Inia:** Walbeobachtung, **Bussard:** Tages-, Sunset- oder Schnorcheltour mit einem umfunktionierten Krabbenkutter von der Nordsee: ab 39 €, Mobiltel. 644 16 10 03, www.oceanexplorer.es

Infos
Auf den Seiten www.wwf.de, www.wale.info und www.cetacea.de ist Wissenswertes zu den Meeressäugern zusammengetragen.

Essen
La Taberna del Puerto 1: Plaza Castilla 1, Tel. 922 40 61 18, tgl. 12–23 Uhr, Hauptgerichte ab 8 €, s. S. 73. **Playa Mont** 2: Av. del Emigrante s/n, Tel. 922 48 04 43, www.playamont.com, Fr–Di 13–16, 18–23 Uhr, im Juli geschl., Hauptgerichte ab 8 €

Der Nordwesten

La Punta & El Jesús ▶ B 6

Der tief eingeschnittene Barranco de las Angustias markiert eine geographische Grenze: Nördlich von ihm taucht man ein ins ländliche, angenehm ›zurückgebliebene‹ La Palma – mit hübschen Natursteinhäusern inmitten von Blumengärten und wild-wuchernder Natur. Erster Ort jenseits des Barrancos ist La Punta (›das Kap‹): eine sonnenbeschienene Streusiedlung mit Kapelle, Einkaufsladen, palmerischer Gaststätte und deutschem Vollkornbäcker. Ein beliebtes Lokal mit Bier aus der hauseigenen Brauerei befindet sich im Nachbardorf El Jesús.

Beide Orte sind ideal für Turismo Rural: Man lebt in idyllischer Natur, kann zu vielen tollen Wanderungen aufbrechen und ist – Mietwagen vorausgesetzt – schnell mal am Strand.

Übernachten

Weitblick aufs Meer – **Casa Nuria:** Camino La Barbilla 4-B, El Jesús, Tel. 922 46 04 82, www.casanuria.com, auch buchbar über Karin Pflieger (s. S. 14), Tagespreis 2 Pers. 63 €. Modern-rustikal eingerichtetes Natursteinhaus mit wildem Garten und herrlichem Ausblick. Von der LP-1 geht es nahe der Kirche die Calle Recta del Casino hinauf, an der Erdpiste hält man sich rechts.

Gemütlich – **Casa El Topo:** Aguatavar s/n, El Jesús, buchbar über Karin Pflieger (s. S. 14), Tagespreis 2 Pers. 59 €. Das 40 m² große Haus thront über Tijarafe und liegt inmitten von Orangen-, Mandel- und Feigenbäumen. Abends wärmt man sich am Kamin, im Sommer nimmt Gabriel seine Gaste gern aufs Segelschiff mit!

Idyllisch – **Casa La Esquinita:** Calle El Correo 4, La Punta, buchbar über Karin Pflieger (s. S. 14), Tagespreis 2 Pers. 63 €. Inmitten eines subtropischen Gartens steht dieses kompakte Natursteinhaus mit zwei Schlafzimmern, gemütlicher Wohnküche und Terrasse. Man darf sich im Garten bedienen, die nette Besitzerin Carmen bringt Obst und Gemüse vorbei. Zum Dorfplatz mit Laden und Lokal hat man es nicht weit, knapp darüber befindet sich die Hauptstraße mit der Bushaltestelle.

Für Sternengucker – **Casa Rosabel:** s. S. 85

Essen und Trinken

Tapas und Bier – **Cervecería Isla Verde:** Plaza El Jesús 41, Tel. 691 44 51 53, http://cervezaislaverde.com, Mi–Mo 13–23 Uhr Bei Jolanta und Gino bekommt man Tapas und Lasagne, frische landestypische Kost, dazu Bier aus der eigenen Brauerei. Noch ein Tipp: Sehr gut schmecken auch die *gofres:* Waffeln mit Eis, Früchten und Sahne.

Sport und Aktivitäten

Wandern – Beim **Mirador El Time** startet der rot markierte Weg GR-130, der hinab nach Puerto de Tazacorte und hinauf zum höchsten Inselgipfel, dem Roque de Los Muchachos führt.

Tijarafe ▶ B 5

Die Häuser und Höfe von Tijarafe liegen verstreut am Hang. In den letzten Jahren hat sich hier und in den Nachbarweilern eine alternativ-bunte Szene angesiedelt – man singt ein Loblied auf Bio-Anbau, Kräuter und Naturkosmetik, fertigt Keramik nach dem Vorbild der Ureinwohner und legere Mode aus Naturstoffen. Das Leben der Bewohner spielt sich vorwiegend entlang der Hauptstraße ab. Schön ist die weiter oben gelegene kopfsteingepflasterte Plaza mit weiß getünchter Kirche und Brunnen.

Casa del Maestro/La Venta
Calle Real 11/8, meist Mo–Fr 16–19 Uhr
Das ehemalige ›Haus des Lehrers‹ wird als Ethnografisches Museum genutzt. Zu sehen sind historische Bilder von Tijarafe, Keramikwaren, Masken und Fotos vom spektakulären ›Teufelsfest‹.

Übernachten
Unter den Landhäusern in Tijarafe gehört dies zu den schönsten:
Am Hang – **Casa Las Tierras Viejas:** Antiguo Camino Real 51, buchbar über Karin Pflieger (s. S. 14), Tagespreis 2 Pers. 89 €. Das stattliches Landhaus am Ortsrand, umgeben von Obstbäumen, ist geräumig und ruhig, geeignet für 4 Pers.

Essen und Trinken
Mit Meerblick – **La Muralla:** Carretera General (Aguatavar), Mobiltel. 660 32 23 05, Di–So 13–22 Uhr, Hauptgerichte ab 7 €, 16–19 Uhr nur Getränke. Das moderne Restaurant nördlich Tijarafe schwebt über dem Abgrund und bietet ein tolles Küstenpanorama. Abends genießt man vom Balkon den Sonnenuntergang. Das Interieur ist hell und klar, die Küche international mit Schwerpunkt Fleisch. Es gibt Filet in dreipfeffriger Soße (schwarz, rot und grün), Hühnchenroulade gefüllt mit Schinken, Paprika und Zwiebeln, an ausgewählten Tagen auch Wachteln. Bei Kanariern hoch im Kurs steht *El Nido:* ein Mix aus Pommes Frites, Pilzen, Gemüse und Asia-Soße. Abgerundet wird die Karte durch Veggie-Gerichte und hausgemachte Desserts.

Sport und Aktivitäten
Piratenbucht – Ausflug nach **Porís de Candelaria (▶ B 5):** Am Nordende des Ortes fährt man die steile Calle Molina abwärts. Sie geht in eine Betonpiste über, die sich in vielen Haarnadelkurven hinabschraubt. Das letzte Stück geht man zu Fuß: Ein steingepflasterter Weg führt zur Bucht hinab. Unter einem gigantischen Felsüberhang drängen sich (vom Abriss bedrohte) Fischerhütten, zwischen engen Felsarmen drängt das Wasser in die Bucht. Glatte Felsen laden zum Sonnenbad ein, schwimmen ist nur bei ruhiger See möglich.

Termine
Fiesta del Diablo: 7./8. Sept. In der Nacht tanzt ein als Teufel verkleideter Dorfbewohner durch die Menge und lässt zum Schaudern aller Anwesenden die an seiner Kleidung befestigten Feuerwerkskörper explodieren.

Puntagorda ▶ B 3

Das idyllische, aus mehreren Weilern zusammengefügte Bauerndorf liegt auf halber Strecke zwischen Tazacorte und Santo Domingo de Garafía. Die Gegend ringsum ist hügelig und lieblich-grün, tief eingeschnittene *Barrancos* grenzen Puntagorda von den Nachbargemeinden ab. Das Leben geht seinen ruhigen Gang, wird bestimmt von Ernten und dem Wechsel der Jahreszeiten.

Der Nordwesten

Bevor man Puntagorda erreicht, erblickt man zur Linken das wunderbar windschiefe Exemplar eines Drachenbaums *(drago)*, den **Drachenbaum von El Roque**. Palmeros meinen, dies sei einer der ältesten der Insel. Ein zweiter *Drago*, der ihm zur Seite stand, wurde bei einem Unwetter entwurzelt. Vom Mirador hat man einen tollen Ausblick!

El Pino

Das Zentrum Puntagordas, erreichbar von der LP-1 über die Av. de la Constitución, ist nach der großen Kanarischen Kiefer im Ortskern benannt. Wenige Schritte entfernt, in der Calle Pino de la Luz, befinden sich eine schmucke Pension und ein volkstümlich-palmerisches Restaurant. Ein Stück weiter genießt man vom **Mirador de Miraflores** einen schönen Ausblick. Biegt man zuvor rechts in die Pista del Cementerio ein, gelangt man nach gut 2 km zur restaurierten **Vieja Iglesia de San Mauro Abad** aus dem 16. Jh. Von hier kann man noch mehrere Kilometer in Richtung Küste hinabfahren. Die Straße endet 200 m über dem Meer; über viele Treppenstufen geht es hinab zur kleinen Felsbadestelle *puerto*, an der man bei ruhiger See (nur im Sommer!) baden kann.

El Pinar

Auch in El Pinar, dem nördlich angrenzenden Weiler, haben sich viele Mitteleuropäer niedergelassen, ihr Bevölkerungsanteil wird auf zwanzig Prozent geschätzt. Sie meiden die wenig attraktive Ortsstraße und bevorzugen die davon abzweigenden Gassen. Dort kann man Urlaub in schönen Ferienhäusern machen, z. B. beim Schweizer Erich Elmer. Gutes Essen gibt es im ›Orangenlokal‹, nordostwärts geht es zum Wochenendmarkt von **El Fayal**.

Übernachten

Mit allem drum und dran – **Casas Elmer:** Camino del Hondito 9 (El Pinar), Tel. 922 49 33 83, www.lapalmaferien.com, Studios ab 40 €, ganze Häuser ab 70 € plus Endreinigung. An kühlen Wintertagen weiß man in Schweizer Wertarbeit erbaute Häuser zu schätzen: Erich und Elisabeth Elmer vermieten mehrere von kanarischer Architektur inspirierte *casas*, allesamt in Hanglage mit herrlichem Meerblick und in grüner Umge-

Ideal für Turismo Rural: die grüne Hügellandschaft im ländlichen Nordwesten La Palmas

Puntagorda

bung. Am komfortabelsten ist Casa Naranjo mit Bodenheizung, perfekt ausgestatteter Küche und Designer-Geschirr sowie Terrasse mit Teak-Holzmöbeln.

Gesellig – **Pension Mar y Monte:** Pino de la Virgen 7 (El Pino), Tel. 922 49 30 67, www.la-palma-marymonte.de, DZ 56 € (Rabatt ab 4. Nacht). Die von Stefan Kötting und Axel Frömann geleitete Pension im Dorfzentrum ist ein guter Ort, um Kontakte zu knüpfen und einheimisches Dorfleben zu schnuppern. Zur Wahl stehen fünf kleine, liebevoll eingerichtete und mit guten Betten versehene Zimmer. Die Gäste teilen sich zwei Bäder und eine mit chromblitzender Kaffeemaschine ausgestattete Küche, das Frühstück ist opulent. Zur Pension gehören ein Garten sowie eine Dachterrasse mit Blick auf *Mar y Monte* (Meer und Berge).

Essen und Trinken

Dorftreff – **Pino de la Virgen:** Calle Pino de la Virgen 6, Tel. 922 49 32 28, tgl. 8–23 Uhr, Hauptgerichte ab 6 €. Die Geschwister Antonia und Francisco leiten das Lokal, die Mutter steht in der Küche und kocht kanarische Hausmannskost: Gemüseeintopf, Zicklein- und Kaninchenfleisch. Zum Nachtisch gibt es Kokosnussmakronen *(cristinas)*. Man isst im blumengeschmückten Innenhof oder im rustikalen Kaminraum. Wer danach an der Theke einen hausgemachten Kräuterschnaps *(aguardiente)* bestellt, macht Bekanntschaft mit der Dorfjugend und wettergegerbten Bauern.

Klein und fein – **Jardín de los Naranjos:** Carretera Fayal 33, Tel. 619 57 11 25, www.delosnaranjos.com, Di–Fr 18–23, Sa, So 13–23 Uhr, Hauptgerichte ab 8 €. Zwar kein ›Orangengarten‹ wie der Name verspricht, aber eine gute Adresse für ein angenehmes Mahl. Obst und Gemüse kommen aus dem Garten von Señora Dácil, Fisch und Fleisch von befreundeten Bauern. Zu den Klassikern gehören Gemüse-Couscous, Tigermuscheln und ›eingezwiebeltes Kaninchen‹.

Ein großer **Bauern- und Kunsthandwerksmarkt** findet in einer Halle im Kiefernwald von **El Fayal** statt. Hier wird nur auf La Palma produzierte Ware verkauft: Süßes aus Mandeln, Gofio im Leinensäckchen und Ziegenkäse, Obst und Gemüse aus Bio-Anbau, frische und getrocknete Kräuter, exotische Maracuja-Marmelade, Kaktusfrucht, Papaya und Honig aus Garafía. Zwischendurch kann man sich mit einem frisch gepressten Zuckerrohrsaft stärken. Deutsche Residenten verkaufen Aqarelle, Seiden- und Baumwolltücher, Schmuck aus Drachenbaumsamen und Gebrauchskeramik. El Fayal, Sa 15–19 und So 11–15 Uhr, www.mercadillo.puntagorda-lapalma.com; Zufahrt: LP-1 Km 76.

Termine

Fiesta del Almendro en Flor: Ende Jan. Zur Mandelblüte wird ein mehrtägiges Fest gefeiert. *Vino de la tea* fließt in Strömen, man kostet geröstete Mandeln vom Vorjahr und tanzt bis zum Umfallen. Infos: http://almendros.puntagorda-lapalma.com.

Verkehr

Bus: Linie 100 fährt alle 2–4 Std. nach Los Llanos de Aridane sowie über Barlovento nach Santa Cruz.
Taxi: Tel. 922 49 31 78.

In der Umgebung

Las Tricias (direkt 8 ▶ S. 80): Wanderung im Drachenbaumhain zu Felszeichnungen.
Roque de los Muchachos: Besuch der Sternwarte und Wanderung entlang der Caldera (direkt 9 ▶ S. 83).

8 | Dragos und altkanarische Höhlen – Wanderrunde bei Las Tricias

Karte: ▶ B 3 | **Gehzeit:** 2.30 Std.

Schön ist bereits der Abstieg: Man möchte rasten im Schatten weit ausladender Drachenbäume, die hier einen der größten wilden Haine der Kanaren bilden. Am Ziel sind altkanarische Felszeichnungen zu entdecken, eine Aussteiger-Kommune sorgt für Speise und Trank.

Die lange Anfahrt hat dafür gesorgt, dass La Palmas Nordwesten von Besucherandrang verschont blieb. Die Region ist wild und abgeschieden, und noch immer lassen sich abseits der Straßen tolle Entdeckungen machen.

Nur zu Fuß erreichbar sind die Buracas-Höhlen: Mit Felsgravuren aufgeladene Kultorte der Ureinwohner, die vor ein paar Jahren von Aussteigern ›wiederentdeckt‹ wurden. Sie genießen, was die Gegend im Überfluss hat: stille, unberührte Natur und atemberaubende Ausblicke über Steilhänge aufs Meer.

Von Las Tricias hinab

Startpunkt unserer Tour ist die **Plaza** des 300-Seelen-Dorfs **Las Tricias** 1 . In seiner Mitte steht die große, schmucke Iglesia de Nuestra Señora de Candelaria zu Ehren von Maria Lichtmess. Neben der Kirche duckt sich eine restaurierte Mühle mit dem Centro Artesanal La Tahona, wo Kunsthandwerker der Region ihre Ware zum Verkauf anbieten: u. a. Getöpfertes, Geschnitztes, Gesticktes, Gewebtes und Geschmiedetes.

Vor dem Kirchplatz zeigt ein Schild den Einstieg in die Tour an – auf einer Betonpiste geht es hinab. Nach 50 m schwenken wir links in einen Weg ein, der ein trockenes Talbett quert und zu einem Bergrücken ansteigt. Von dort geht es zu einer Wegkreuzung hinab, an der wir den rechten Abzweig wählen. Vorbei an einer historischen Finca erreichen wir die LP-114.

Auf der wenig befahrenen Straße geht es in Richtung Santo Domingo de

8 | Wanderrunde bei Las Tricias

Garafía hinab. Die Häuser ringsum sind aus Naturstein erbaut und schon etwas verwittert, liegen verstreut auf grünen Terrassen. Nach fünf Minuten verengt sich die Straße. 50 m weiter, an einer markanten Rechtskurve, verlassen wir den Asphalt und folgen dem gepflasterten, geradeaus weisenden GR-130 (Buracas). Eine Minute später halten wir uns links und gehen dann sogleich rechts weiter auf dem breiten R.T. Traviesa. Wir erreichen eine Straße, folgen ihr bergab und verlassen sie nach 40 m auf einem Weg rechts, bevor wir erneut auf Asphalt stoßen. Hinter der nächsten Rechtskurve geht es abermals links ab. (Wir ignorieren hier den rot markierten Rechtsabzweig GR-130 – auf diesem werden wir auf dem Rückweg heraufkommen). Der breite Weg geleitet uns über den Bergrücken gemächlich zur Straße, in die wir links einschwenken. Wir folgen ihr – vorbei an einer Gofiomühle – eine Viertelstunde bergab. Vor einem Wasserspeicher, wo sich die Straße teilt, halten wir uns halbrechts zu den Drachenbäumen im Talgrund, dann links und sogleich rechts einschwenkend. Eine Rast lohnt im **Café Finca Aloe** 1, wo Frau Frohmut Schwitzer leckeren Salat, Natursaft und Ziegenkäse verkauft (Buracas 59, Tel. 922 69 61 35, tgl. 12–17 Uhr), neben der Wasserstelle könnte man auch ein Zelt aufschlagen.

Weiter nach Buracas

Nachdem wir uns gestärkt haben, folgen wir dem Weg Richtung Santo Domingo in den kleineren Barranco El Corchete und stehen kurz darauf vor einem rötlichen Felshalbrund, der **Cueva de Buracas** 2 (1 Std.). In weichen Tuff haben die Ureinwohner Spiralen und Kreise geritzt, die als Chiffren für den unendlichen Kreislauf der Natur gedeutet werden. Die Fels-

Übrigens: Der *Drago*, so nennt man den **Drachenbaum** auf Spanisch, ist mythen- und sagenumwoben wie keine andere kanarische Pflanze. Das beginnt schon beim Namen: Sie trägt ihn nicht aufgrund ihrer Erscheinung, sondern weil ihr die abgeschlagenen Äste so schnell nachwachsen wie sonst nur das Haupt des Drachens in der Legende.

Wird der Drachenbaum älter, erhebt sich über dem Schaft eine majestätische, weit verzeigte Krone mit dichtem Wuscheldach – in jeder Astgabelung, so glaubten die Ureinwohner, lebe die Seele eines Verstorbenen. Wie schmale herausgestreckte Zungen blecken die Blätter aus dem Geäst.

Ritzt man die Rinde ein, tritt das sogenannte ›Drachenblut‹ heraus, ein roter, harzähnlicher Saft. Es diente als medizinisches Allheil- und als Desinfektionsmittel; manch eine Stradivari-Geige, heißt es, habe erst durch die Behandlung mit ›Drachenblut‹ ihre lange Lebensdauer erlangt. So begehrt war das Harz, dass der Baum in freier Natur fast ausgerottet wurde – denn entnimmt man ihm zu viel ›Blut‹, geht er ein.

Beim Wachsen allerdings lässt sich der *Drago* viel Zeit: Erst nach zehn Jahren blüht er erstmals in Rosa, Gelb oder Weiß und produziert alsdann braune Fruchtstände, die in dicken Trauben herabhängen – begehrte Nahrung von Vögeln, die sich in der üppigen Krone wohlfühlen.

Übrigens ist der Drachenbaum, auch wenn er im Deutschen so heißt und eine stattliche Größe von 20 m erlangt, nicht wirklich ein Baum: Als einblättriges Gewächs bildet er keine Jahresringe aus, sein Inneres besteht aus lockerem Schwemmgewebe.

Der Nordwesten

gravuren entdeckt man rechts oben an dunklen Basaltsäulen sowie weiter links auf Felspfeilern und versprengten Blöcken.

Zurück nach Las Tricias
Von den Cuevas de Buracas laufen wir zurück auf den Bergrücken, wo wir links in den rot markierten GR-130 einbiegen. Wir passieren weitere schöne Drachenbäume und lassen einen von links kommenden Weg unbeachtet.

Nach ein paar Minuten kreuzt der Weg eine Piste, knapp 100 m weiter eine Straße. Noch einmal genießen wir den Blick auf die Dragos: herrliche Exemplare mit einem üppigen Baumdach – an keinem anderen Ort der Kanaren haben sich so viele wilde Exemplare erhalten! Ab Erreichen der nächsten Straße ist uns die Tour vom Hinweg vertraut, auf dem bereits bekannten Weg laufen wir zum Startpunkt in Las Tricias zurück.

Infos
Las Tricias 1, der Startpunkt der hier beschriebenen Wanderung, ist mit Buslinie 2 erreichbar. In einem kleinen Laden (unregelmäßig geöffnet) kann man sich mit Wasser versorgen. Für die Tour sind 2.30 Std. einzuplanen.

Was gibt es hier noch?
Die Wanderung verläuft unterhalb der LP-114, einer schmalen Straße, die zu den malerischsten der Insel zählt und sich kurvenreich der Schluchtenlandschaft anschmiegt. Man sieht hier nur wenige bewohnte Höfe, hin und wieder einen Drachenbaum und fern unten das Meer. Vor allem abends kann es geschehen, dass eine Schafherde die Straße quert. Die LP-114 führt geradewegs nach Santo Domingo de Garafía, wo man in der Taberna Santi gut und preiswert speisen kann (s. S. 87). Viele Jahre ein Geheimtipp waren die beiden Lokale in **El Castillo**, einem romantischen Weiler in 825 m Höhe. Er ist gleichfalls über die LP-114 erreichbar, achten Sie bitte auf die Ausschilderung und folgen sie nördlich von Las Tricias der schmalen Straße den Hang hinauf. Oder Sie wählen zur Anfahrt die höher gelegene LP-1, die von Puntagorda durch dichten Wald und viele Mandelbaumhaine nach Hoya Grande führt. Von dieser geht gleichfalls ein ausgeschildertes Sträßchen zur Küste hinab, dabei passieren Sie den ›Restaurant-Weiler‹ El Castillo nach etwa drei Kilometern.

In der **Tasca El Castillo** 2 sitzt man bei Dorit und Eo im gemütlichen Innenraum mit Kamin, bei schönem Wetter auch im üppigen Garten und genießt den Blick über grüne Hänge aufs Meer (El Castillo, Tel. 922 40 00 36, Do–Fr und So 14–21 Uhr, ab 7 €). Auch nicht schlecht ist **Azul** 3, das ›blaue Lokal‹ mit Panoramaterrasse gleich nebenan. (El Castillo 13, Tel. 922 40 06 60, www.restaurante-azul-lapalma.com, Sa–So 14–22 Uhr, ab 9 €).

9 | Blick in die Sterne und in die Tiefe – am Roque de Los Muchachos

Karte: ▶ D 4 | **Anfahrt:** mit dem PKW über die LP-4 zum Aussichtsbalkon Degollada de Franceses | **Gehzeit:** 3 Std.

La Palmas Natur ist spektakulär: In der 2400 m hohen Gipfelregion ist die Luft so rein und klar, dass sie optimale Bedingungen für die Sternbeobachtung bietet. Doch nicht nur der Blick in die Höhe berauscht. Bei einer Wanderung längs der Abbruchkante der Caldera schaut man tief in ihren Schlund.

Aufs Dach der Insel

Viele Wege führen zum Observatorium: Man kann von Santa Cruz im Osten anreisen, aber auch von Los Llanos de Aridane via Puntagorda im Westen.

Die Tour führt durch alle Vegetationsstufen, von den küstennahen Palmen und Bananen über dichten Wald bis zur unwirtlichen, an Wintertagen schneeverwehten Gipfelregion. Nicht selten erlebt man ein Naturschauspiel. Während man unten bei grau verhangenem Himmel startet, ist oben die Luft wolkenlos und es scheint die Sonne. Im flirrenden Licht mag man seinen Augen nicht trauen, denn auf den Hängen des Roque de Los Muchachos sieht man mehr als ein Dutzend metallisch glänzender Kuppeln und Türme, Instrumente zur Beobachtung des Himmels.

Das größte von ihnen ist das 2009 eingeweihte Grantecan (Gran Telescopio de Canarias), eine 45 m hohe ›Kathedrale der Astronomie‹. Ihr Herzstück ist ein Spiegel von 10,4 m Durchmesser, der aus 36 kleinen, hexagonalen Subspiegeln besteht, die an die Lichtverhältnisse kontinuierlich angepasst werden. Seine optische Leistung, die vier Mio. menschlicher Pupillen entspricht, ist so präzise, dass selbst ein Teller Suppe auf dem Mond identifiziert werden kann. Mit seiner Hilfe sollen entfernte Galaxien beobachtet und die Entstehung von Planeten studiert werden.

Der Nordwesten

Die ersten Sternwarten des Observatoriums enstanden 1985 – ein ehrgeiziges Gemeinschaftsunternehmen sieben europäischer Staaten.

Sternklarer Himmel

Dass La Palmas Himmel so klar ist, hat seine Gründe: Der Atlantik stabilisiert die Luftmassen und bewirkt, dass keine Schmutzpartikel nach oben dringen. Auch die Passatwolken, die sich wie ein Riegel zwischen Küste und Gipfel schieben, tragen dazu bei, dass auf der ländlichen, lichtarmen Insel keine störenden Strahlen in höhere Schichten gelangen. 1999 wurde ein ›Gesetz gegen Lichtverschmutzung‹ verabschiedet, das dafür sorgt, dass es so bleibt.

»Die Atmosphäre über La Palma ist stabil, homogen und vorhersehbar«, meint Direktor Emilio Cueva, »es gibt nur wenige Inseln auf der Welt, die vergleichbar gute Bedingungen bieten – vielleicht nur noch Hawaii.«

Schon die Ureinwohner La Palmas haben die himmlischen Vorzüge zu nutzen gewusst. Wo heute Teleskope stehen, fand man einen Kultplatz mit Felszeichnungen. Sie bestätigen, was ein früher Chronist berichtete: »Sie haben ein genaues Gespür für den Jahreskalender, indem sie Sonne, Mond und Sterne beobachten.«

Panorama-Tour

Die dreistündige, hier vorgestellte Wanderung beginnt an der LP-4 am Aussichtsbalkon **Degollada de Franceses** 1. Dem Wegweiser ›Roque de Los Muchachos‹ folgend, gelangt man auf die Caldera-Innenseite und genießt fortan atemberaubende Tiefblicke in den gigantischen Kessel. Nach wenigen Minuten passiert man die aufgerissene ›Wand des Roberto‹, an die sich eine Legende knüpft:

Der Teufel persönlich soll sie aufgerichtet haben, weil er sich darüber ärgerte, dass Roberto täglich über den höchsten Gipfel zu seiner Geliebten eilte. Doch der junge Mann ließ sich von der Wand nicht aufhalten, schob sie allerdings so kraftvoll beiseite, dass er mit ihr in den Abgrund stürzte …

50 m hinter der Wand lohnt ein Abstecher nach links zu einem ausgesetzten Felsvorsprung, von dem man noch direkter in den Caldera-Grund schaut.

Nach Passieren einer weiteren Wand gelangt man zu einer Gabelung (40 Min.), an der es rechts zum **Mirador de Los Andenes** 4 hinaufgeht (ihn werden wir auf dem Rückweg besteigen). Wir aber laufen weiter am Kamm entlang und haben bald die ersten Sternwarten im Visier: das britische Isaac-Newton-Teleskop mit seinem kleinen Spiegel, darüber das (stillgelegte) Jakob-Kapteyn-Teleskop sowie die hohen Sonnentürme der Schweden und Holländer.

Rechts drängt sich das William-Herschel-Teleskop in den Blick, mit dessen großem Spiegel erstmals der optische Beweis für die Existenz schwarzer Löcher erbracht wurde.

Wenig später hat man vom 2366 m hohen Berggipfel **Fuente Nueva** 2 einen weiten Blick über die südliche Caldera-Wand auf die Nachbarinseln; im Norden sieht man die Unterkünfte der Gastwissenschaftler. Vorbei am Nordischen Optischen Teleskop NOT führt der Weg zu einer Straßenkurve hinauf, schwenkt links ab und endet wenig später am **Punto de Información** 3, dem Info-Häuschen des Nationalparks (1.30 Std.) – nahebei die drei dunklen Felstypen, die dem 2426 m hohen Gipfel des Roque de los Muchachos seinen Namen gaben (*muchachos* = Jungen).

9 | Am Roque de Los Muchachos

Hinter dem Info-Häuschen führt ein Weg zu einer Aussichtskanzel, von der man ›vogelfrei‹ über die Steilwände der Caldera bis zu ihrem 1000 m tiefer gelegenen Grund schaut. Der Rückweg ist bis zur Gabelung unterhalb des **Mirador de Los Andenes** 4 mit dem Hinweg identisch. Doch jetzt steigt man links mit dem Weg zum Aussichtspunkt hinauf, um hinter ihm zur Höhenstraße hinabzusteigen. Rechts führt sie uns zur **Degollada de Franceses** 1 zurück (3 Std.). Zwar läuft man auf Asphalt, doch da die Straße wenig befahren ist, kann man sich auf ihr treiben lassen und die vielfarbigen Felsen genussvoll in Augenschein nehmen.

Infos
Die Höhenstraße LP-4 (Hoya Grande–Santa Cruz) ist nur per Pkw erreichbar. Das **Info-Häuschen** (Punto de Información) 3 auf dem Roque de Los Muchachos, ist tgl. von 10–15 Uhr geöffnet.

Sternbeobachtung
La Palmas Observatorium gehört zum Instituto de Astrofísica de Canarias IAC mit Sitz auf Teneriffa. Auf dessen Website www.iac.es kann man einen Termin für den Besuch der Sternwarte reservieren. Besuchszeiten: Di, Fr, Sa 9.30 und 11.30 Uhr, Eintritt 9 €, Kinder unter 12 nicht zugelassen.

Übernachtung
Wollten Sie schon immer mal die Sterne studieren? In der **Casa Rosabel** 1, kann man sich in zwei schönen Natursteinhäusern (mit Kamin, Musikanlage und Gratis-WLAN) einmieten und mit hauseigenem Teleskop den Sternenhimmel betrachen: El Jesús/ Camino La Justa 14, Tel. 922 49 10 53, www.8gh.com, DZ 400 € pro Woche.

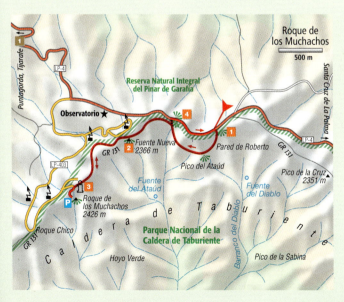

85

Der Norden und Nordosten

Santo Domingo de Garafía ▶ B/C 2

Der Gemeindeort, von den Einheimischen nur Garafía genannt, wurde 1496 von aus Portugal vertriebenen Juden gegründet. Er liegt im äußersten Nordwesten der Insel auf rund 350 Metern über dem Meeresspiegel, ein verschlafenes Nest inmitten urwüchsiger Natur.

Seine knapp 500 Einwohner leben von Landwirtschaft und Viehzucht, das öffentliche Leben spielt sich auf dem Dorfplatz ab. Da gibt es die **Iglesia de Nuestra Señora de la Luz** mit ihrem Hauptschiff aus dem 16. Jh., ein paar Bürgerhäuser, Bars und Lokale.

El Calvario

An der Straße LP-114 nach Las Tricias zweigt nach 1 km rechts eine Asphaltstraße ab, die am Friedhof *(cementerio)* in eine Erdpiste übergeht. Am hinteren Ende der Friedhofsmauer geht rechts ein durch Steinmännchen markierter Pfad zu den Petroglyphen von **El Calvario** ab: Zwar bedeutet der Name ›Kreuzwegstation‹, doch handelt es sich um altkanarische Felsblöcke mit eingeritzten Spiralmustern, die vermutlich als Kultplatz dienten. Auch eine Stelle mit gebohrten Augenlöchern und Mundöffnung ist zu entdecken, offenbar ein Seelenstein, dessen Öffnungen zum Ein- und Ausfliegen der Seele bestimmt waren.

In Santo Domingo de Garafía

Llano Negro

Übernachten

Wer es abseits liebt – **Lomo de la Cruz:** buchbar über Karin Pflieger (s. S. 14), Tagespreis 2 Pers. 55 €. Hübsches, 50 m² großes Natursteinhaus mit Blick aufs Dorf und das Meer für maximal drei Personen – ideal für Wanderer.

Essen und Trinken

Kanarisch und preiswert – **Taberna Santi:** Mo–Sa 12–21 Uhr, Hauptgerichte ab 6 €. Das kleine Lokal an der Hauptstraße ist auch bei Einheimischen beliebt. Sehr gut schmecken Ziegenfleisch, Kaninchen und Eintopfgerichte, dazu das Bier aus Tijarafe und freundlicher Service!

Sport und Aktivitäten

Wandern – Von der Plaza de Baltasar Martín geht es ein paar Schritte nordwärts zum **Barranco de La Luz** und dann rechts, wo links der Straße der rote GR-130 abzweigt. Eine Kurzvariante führt zum Weiler **El Palmar** (hin und zurück 2.30 Std.); Konditionsbolzen können durch La Palmas wilden Norden bis **Barlovento** laufen – eine der schönsten Strecken der Insel (10 Std.).

Verkehr

Bus: Linie 100 fährt alle 2–4 Std. via Puntagorda nach Los Llanos de Aridane sowie über Roque del Faro (mit Abstechern nach Franceses und Gallegos) nach Barlovento und Santa Cruz.
Taxi: Tel. 922 40 01 03.

Llano Negro ▶ C 2

Der stille Weiler ist das Eingangstor zum abgeschiedenen Norden mit seinen dramatischen Schluchten. Das feuchte Klima hat dafür gesorgt, dass sich hier die größten Waldbestände La Palmas erhalten haben: Jahrhunderte alte Kiefern und dichter Lorbeer, in dem sich die Wolken verfangen. Mitten im Wald liegt der **Archäologische Park La Zarza und La Zarcita** (direkt 10 ▶ S. 88). Kurz danach zweigen von der LP-1 zwei Stichstraßen ab, die sich in wenigen Kilometern 1000 Höhenmeter hinabschrauben. Sie enden in **Don Pedro** bzw. **El Tablado**, zwei Klippenweilern hoch über dem Meer. Romantisch sind beide, doch in El Tablado wurde zuletzt viel gebaut; die alte Dorfschule machte man zu einer Herberge für Wanderer.

Essen und Trinken

Unter Einheimischen – **Kiosco Briesta:** LP-1, Km 68.5 (südl. Llano Negro), Tel. 922 40 02 10, Mi–Mo ab 8 Uhr, Hauptgerichte ab 6 €. Am besten setzt man sich in die Nähe des Kamins und bestellt palmerische Hausmannskost. Spezialitäten sind deftiger Eintopf, Zickleinbraten und der lokale, nach Harz schmeckende *vino de la tea*.

Im Abseits – **La Mata:** LP-1, La Mata (östl. Llano Negro), Tel. 922 40 06 17, Di–So 11–19 Uhr, Hauptgerichte ab 7 €. Uriges, am Wochenende beliebtes Ausflugslokal. Gut schmecken Getreidesuppe und Kanarischer Eintopf, Ziegenfleisch und Kaninchen.

Termine

San Antonio del Monte: Mitte Juni. Im gleichnamigen Weiler unterhalb der LP-1 werden die besten Rinder prämiert, anschließend wird bis zum frühen Morgen gezecht und getanzt.

Roque del Faro ▶ D 2

Im 1000 m hoch gelegenen Roque del Faro leben heute weniger als 150 Menschen, die meisten sind Ziegenhirten und Bergbauern. Fast alle, ▷ S. 91

10 | Spiralen im verwunschenen Wald – La Zarza und La Zarcita

Karte: ▶ C 2/3 | **Anfahrt:** mit dem PKW über die LP-1

Ureinwohner hatten ein sicheres Gespür für schöne Orte: Mitten im Zauberwald, in dem es unentwegt von den Zweigen tröpfelt, entdeckten sie zwei Quellen. Am Fundort ritzten sie geheimnisvolle Zeichen in den Fels – Botschaften, die bis heute nicht enträtselt sind. Vom Besucherzentrum erreicht man sie zu Fuß in nur zwanzig Minuten.

Im hohen Norden sind die Steilhänge dicht mit Lorbeerbäumen bedeckt. Hier stößt der Passatwind nach seinem Lauf über den Atlantik zum ersten Mal auf ein Hindernis, wobei seine feuchte Luft zu Wolken kondensiert. In Windeseile huschen sie empor und verfangen sich in den knorrigen Ästen der Bäume. Wie verzaubert erscheint die Landschaft mit ihrem hingetupften Wolkenweiß, dem glänzenden, alle Oberflächen überziehenden Wasserfilm und der Begleitmusik herabperlender Tropfen. Kein Wunder, dass sich in diesem Märchenwald die Ureinwohner einen Kultplatz schufen. Wie es sich für einen magischen Ort gehört, ist er so gut versteckt, dass man ihn nur im Rahmen einer kurzen Wanderung erreicht.

Besucherzentrum [1]

Ein kleines Besucherzentrum erklärt, wer die Ureinwohner waren, woher sie kamen und wie sie auf der Insel lebten. Eine nachgebaute Wohnhöhle, Keramik- und Werkzeugfunde sowie ein kurzer Film (auf Wunsch in deutscher Sprache) verschaffen einen ersten Überblick.

Vorgestellt werden auch ihre Felsbilder: Handelt es sich um Beschwörungsformeln, um die Götter gnädig zu stimmen? Sind es Zeichen einer geheimen Schrift? Simple Wegweiser zur kostbaren Quelle? Oder einfach nur Werke künstlerischer Fantasie, inspiriert von der Schönheit des Ortes?

10 | La Zarza und La Zarcita

La Zarza
Den Weg zum Originalschauplatz sollte man sich nicht entgehen lassen: 2,5 km schlängelt er sich ins Dickicht der mannshohen Farne, bemoosten Bäume und schwarzen Felsen.

Richtungsschilder führen zunächst nach La Zarza (›Dornbusch‹), wo im Schutz eines großen Felsüberhangs mehr als zwei Dutzend Bildtafeln zu erkennen sind: Kreise und Mäander, Spiralen und Schlangenlinien in bewundernswerter Vielfalt und Zahl; am schönsten sind die Labyrinthe an der Westseite der Wand.

Den altkanarischen Künstlern stand kein anderes Handwerkszeug zur Verfügung als ein spitzer Steinkeil, mit dem sie die eleganten Linien in den Fels schlugen bzw. ritzten. Man geht davon aus, dass sie um 500 v. Chr., d. h. kurz nach der Einwanderung der Ureinwohner, entstanden und somit die ältesten bisher gefundenen Felsbilder sind.

La Zarcita
Anschließend führt der Weg in eine versteckte Seitenschlucht und endet an einer Felswand. Man muss dicht dicht herangehen, um die Zeichnungen von La Zarcita (›kleiner Dornbusch‹) zu erkennen. Auch hier sieht man Spiralen und Schlangenlinien, insgesamt achtzehn Bildtafeln. Wer genauer hinschaut, wird zwei figurative Motive erkennen: einen bärtigen Mann im Profil mit markanter Nase und Kopfschmuck, der an einen Azteken erinnert, sowie eine Frau mit insektenförmigem Kopf, üppiger Brust und Reifrock. Daneben befindet sich ein in den Fels gehauener Altar mit einer Abstellnische für Opfergaben.

Rätselbilder
Erst 1941 wurden die Felsbilder entdeckt. So überrascht man über den Fund war, so schnell war man mit einem Urteil zur Hand. Es hieß, bei den Felsbildern handele es sich um »Zufalls- und Fantasiespiele wilder Barbaren«. Freilich ist die These von den Fantasiespielen längst verworfen:

Vergleiche mit historischen Felsbildern auf den übrigen Inseln sowie in Nordafrika haben so große Parallelen zutage gefördert, dass von Zufall keine

Die Felsbilder von La Zarza und La Zarcita: Symbolsprache vergangener Kulturen

Der Norden und Nordosten

Rede sein kann, man vielmehr von einem künstlerischen Plan, vielleicht sogar von einer Symbolsprache ausgehen muss.

Da sich die Bilder von La Zarza und La Zarcita auf 1000 m Höhe an der Inselnordseite befinden, just dort, wo der Passat für den ergiebigsten ›horizontalen Regen‹ sorgt, wird vermutet, sie könnten mit dem Fruchtbarkeitskult in Verbindung stehen. Darauf verweist auch die Nähe zweier Quellen. Demnach könnten die Wellen als Wasserlinien und die Spiralen als Symbol für den unendlichen Kreislauf des Lebens gedeutet weden. Die beiden Figuren von Mann und Frau fügen sich in diese Interpretation ein: Sie könnten nicht nur für die Fortpflanzung der menschlichen Spezies stehen, sondern auch für zwei Götterbilder: Die Frau verkörpert die altkanarische Sonnengöttin Abora und der Mann den Mondgott Iruene.

Übrigens: Lange Zeit ging man davon aus, dass die Altkanarier keine Schrift kannten. Doch Funde in Fels geritzter alphabetähnlicher Zeichen auf allen Inseln belegen das Gegenteil. Beim Vergleich mit Schriftzeichen in Nordwestafrika traten so starke Ähnlichkeiten zutage, dass heute davon ausgegangen wird, die altkanarische Schrift sei berberisch-libyischen Ursprungs. Anders als erwartet, weist sie die meisten Parallelen aber nicht zur vorarabischen Schrift im benachbarten Westafrika auf, sondern zu der in Nordtunesien und Ostalgerien. Dies legt die Vermutung nahe, die Ureinwohner stammten aus dieser Region.

Öffnungszeiten
Parque Cultural de La Zarza y La Zarcita: Carretera General LP-1, Tel. 922 69 50 05, www.garafia.es/la zarzaylazarcita, Di–So 11–17, 15. Juni bis 31. Okt. 11–19 Uhr, Eintritt 2 €. Erkundigen Sie sich bitte im Büro auch nach Erläuterungen zum 7 km langen Naturlehrpfad *(sendero autoguíado)!*

Weitere Felsbilder
La Palma ist die Kanareninsel mit den meisten Felsbildern – insgesamt wurden fünfzig Fundorte ausgemacht, zu mehreren von ihnen besteht Zugang. Erwandert werden müssen die Felsbilder in **Buracas** (▶ B 3, s. S. 81) und am **Roque Teneguía** (▶ E 11 und Karte S. 51); am leichtesten für Autofahrer erreichbar sind die in **Belmaco** (▶ G 9, s. S. 46).

Am **Lomo de la Fajana,** einer kleinen Seitenschlucht bei El Paso entdeckte man von den Ureinwohnern in Fels geritzte Spiralen und Sonnensymbole, in **El Calvario** (▶ B 2, s. S. 86) bei Santo Domingo de Garafía aufrecht stehende, beidseitig eingravierte Stelen. Felsbilder gibt es auch in der **Cueva de Tendal** (▶ G 3, Parque Natural de Las Nieves): 27 in prähispanischer Zeit bewohnte Höhlen und mehrere Begräbnisstätten sollen in einen archäologischen Park verwandelt werden.

die hier geboren wurden, haben ihr Glück in der Fremde gesucht. Auf den Gebirgskämmen gab es kaum fruchtbares Land, Terrassenanbau war an den Felswänden unmöglich. Zudem standen die Bewohner seit dem 16. Jh. unter feudalem Joch, die Pachtverträge aus jener Zeit wurden erst vor kurzem abgeschafft. Nun hofft man auf den Aufschwung durch Öko-Tourismus, aber der will sich nicht einstellen.

Einige Tagesausflügler verirren sich zur Mittagszeit in die Dorfbar, die zugleich als Tante-Emma-Laden dient – vor allem am Wochenende gibt es hier gutes Fleisch von Kaninchen und Zicklein, dazu *vino de la tea*.

Wer Abgeschiedenheit sucht, wird sich hier wohl fühlen: In guter britischer Tradition betreiben Ann und David in einem restaurierten Gehöft Bed & Breakfast der gemütlichen Art. Zur Wahl stehen ein Doppelzimmer – ideal als Zwischenstopp für Wanderer – sowie eine komfortable Casa Rural. Allen Gästen stehen die Wohnküche sowie ein uriger Aufenthaltsraum zur Verfügung. Anfahrt zur **Finca Franceses** (▶ E 2): auf der LP-1 bis zum Laden Artesanía Las Tierras, dort der Piste bergab folgen (Lomo de las Tierras 34, Franceses, Mobiltel. 660 51 20 05, http://fincafranceses.blogspot.com.es und www.holiday-lapalma.com, DZ 48 € (min. 3 Nächte).

In der Umgebung

1,5 km östlich von Roque del Faro muss man sich entscheiden, ob es unten oder oben weiter gehen soll – bei Barlovento fließen beide Straßen wieder zusammen. Bleibt man auf der unteren, besser ausgebauten LP-1, passiert man die Weiler **Franceses** (▶ E 2) und **Gallegos** (▶ E 2), deren Häuser verstreut an den Steilhängen kleben. Franceses wurde Ende des 16. Jh. von französischen Piraten gegründet, Gallegos von eingewanderten Galiciern. Weiter ostwärts lohnt ein Stopp am **Mirador La Tosca** (▶ F 2), von dem man auf Drachenbäume hinabschaut.

Folgt man ab Roque Faro der oberen LP-109, wird man von einem »verzauberten« Lorbeerwald empfangen. Außer zwei pechschwarzen Tunneln gibt es auf dieser großartigen Strecke kein Zeichen menschlicher Zivilisation, ringsum nur dschungelartig wuchernde Vegetation, tief eingeschnittene Schluchten und schwarz glänzende Felsen mit dickblättrigen, rosettenförmigen Aeoniumpflanzen.

Barlovento ▶ F 2

Das Gemeindedorf in 550 m Höhe zählt 700 Einwohner und war noch vor wenigen Jahren ein einsamer Vorposten der Zivilisation. Hier Urlaub zu machen, ist nicht jedermanns Sache. Im Winter ist es empfindlich kühl, es regnet viel und dichte Wolken behindern den Ausblick. Passionierte Wanderer stört das wenig; es zieht sie hinaus in die dramatische Berglandschaft. Einzige Sehenswürdigkeit ist die **Iglesia Virgen del Rosario** (16. Jh.) an der weitläufigen Plaza – den barocken Hauptaltar schmückt eine flämische Skulptur der Rosenkranz-Madonna.

Der bei den Palmeros beliebte Freizeitpark **La Laguna** liegt zwei Kilometer südwestlich des Ortes – direkt neben der Laguna de Barlovento, dem größten Wasserreservoir der Insel. Hier, in 700 m Höhe, weht meist ein feuchtkalter Wind, Wolkenschwaden huschen gespenstisch über die Anlage. Es gibt einen Campingplatz mit Holzhütten,

Der Norden und Nordosten

Grillöfen und Tische, einen Kinderspielplatz und eine Gaststätte.

Übernachten
Komfortabel in luftiger Höh' – **La Palma Romántica:** Carretera General, Tel. 922 18 62 21, www.hotellapalmaromantica.com, DZ ab 90 €. Das Berghotel unter britischer Leitung liegt 1 km westlich des Ortes und hat 43 Zimmer. Es gibt Pools und Sauna, Gratis-WLAN, Tischtennis und Billard. Vormittags fährt ein Shuttle-Bus zum Naturschwimmbecken La Fajana, nachmittags werden die Gäste abgeholt. Nachts kann man durchs Teleskop Sterne beobachten!

Bei Flut füllen sich die wellenumtosten Lavabecken mit frischem Wasser, bei Ebbe können Sie sich in kristallklarem Wasser erfrischen. Nach dem Bad in **La Fajana** (▶ F 1) bietet das festungsartige Rundlokal La Gaviota Fisch, Paella und Salat, dazu Ausblick auf die Küste und den Leuchtturm Punta Cumplida (Piscinas de la Fajana, Tel. 922 18 60 99, Fr–Mi 11–23 Uhr, Hauptgerichte ab 7 €). Anfahrt: Auf halber Strecke zwischen Barlovento und Los Sauces dem Hinweisschild folgen, vorbei an terrassierten Bananenplantagen 5,5 km zur Küste.

Essen und Trinken
Im Landhausstil – **La Palma Romántica:** Carretera General, Tel. 922 18 62 21, tgl. 12.30–16, 18.30–22.30 Uhr, Hauptgerichte ab 10 €. Im Hotelrestaurant gibt es kanarische und internationale Gerichte.
Urig – **Las Goteras:** Parque de la Laguna, Tel. 922 18 60 24, http://lasgoteras.com, Di–So 12–20 Uhr, Hauptgerichte ab 6 €. Im Lokal des Erholungsparks bekommt man deftiges Fleisch und Ziegenkäse, beste Stimmung am Samstag Nachmittag!

Sport und Aktivitäten
Wandern – Barlovento ist ein idealer Ausgangspunkt für Wanderungen in die

Herrlich erfrischend – baden im Naturschwimmbecken La Fajana

Los Sauces

Hypermodern – die imposante Puente de Los Tilos ist die höchste Einbogenbrücke Europas

umliegenden Lorbeerwälder und Schluchten. Ein beliebter Weg führt vom Mirador Las Toscas nach Gallegos (3 Std.).

Termine
Fiesta de la Virgen del Rosario: 2. Augustsonntag. Höhepunkt des Fests zur Ehren der Schutzheiligen sind der Pilgerumzug und die Darstellung der Seeschlacht von Lepanto im Jahr 1571, als die Spanier – unter ihnen ein Leutnant aus Barlovento – unter dem Banner der Rosenkranz-Madonna die Türken besiegten. Holzschiffe mit weißem und rotschwarzem Segel werden in Stellung gebracht, Säbelgerassel und Böllerschüsse sorgen für eine kriegerische Kulisse.

Aus Kostengründen wird das Spektakel zukünftig wohl nur alle drei Jahre stattfinden (Infos: www.ayuntamiento debarlovento.org).

Verkehr
Bus: Linie 100 fährt alle 2–4 Std. via Los Sauces nach Santa Cruz und via Santo Domingo de Garafía nach Los Llanos de Aridane.
Taxi: Tel. 922 18 60 46.

Los Sauces ▶ G 2

Übersetzt heißt der Name des Städtchens ›die Weiden‹ – ein untrügliches Indiz für Wasserreichtum. Heute sind es vor allem Bananen, die den Wohlstand des Städtchens begründen und deren Stauden sich über die steilen Hänge bis zur Küste erstrecken. Der Ort ist freilich nicht sehr attraktiv: Die viel befahrene Hauptstraße mit mehrgeschossigen Häusern durchschneidet den Ort in seiner ganzen Länge. Muße kommt bestenfalls am Rathausplatz auf, wo rings um einen Springbrunnen Bäume und Blumen gepflanzt wurden. Schräg gegenüber reckt sich die **Iglesia de Nuestra Señora de Montserrat** in die Höhe, ein Gotteshaus mit kuppelgeschmücktem Glockenturm (tgl. 8–19 Uhr). Sie ist das Geschenk eines Kaufmanns, der im 16. Jh. mit dem Zuckerhandel ein Vermögen machte. Eine Skulptur am Hochaltar zeigt die Jungfrau von Montserrat, auch ein Gemälde in der Taufkapelle ist ihr gewidmet.

Puente de Los Tilos
Südlich von Los Sauces entstand in

Der Norden und Nordosten

den Jahren 2001–2004 die höchste und zugleich eine der längsten Einbogenbücken Europas. Sie überspannt majestätisch den Barranco del Agua, ist 357 m lang und 150 m hoch!

Los Tiles
Wanderung im abwechslungsreichen Lorbeerwald: direkt 11 ▸ S. 96

Essen und Trinken
Familiär – **El Canal:** Carretera General del Norte 27, Tel. 922 45 08 43, www.restauranteelcanal.com, Mo–Sa 13–16, 20–22.30 Uhr. Vorwiegend kanarische Kost, aber auch Pizzen und andere Gerichte. Dazu gibt es guten spanischen Wein und anschließend leckere Nachspeisen, z. B. *Bienmesabe*.

Verkehr
Bus: Linie 100 fährt alle 2–4 Std. via Puntallana nach Santa Cruz und via Barlovento und Santo Domingo de Garafía nach Los Llanos de Aridane. Mit Linie 104 kommt man alle 2 Std. nach San Andrés und Puerto Espíndola.
Taxi: Tel. 922 45 09 28.

San Andrés ▸ G 3

Durch ein Meer von Bananenstauden fährt man steil in Richtung Küste hinab. San Andrés ist mit seinen kopfsteingepflasterten Gassen, der sehenswerten **Iglesia de San Andrés** (tgl. 8–19 Uhr) und dem romantischen Kirchplatz einer der schönsten Orte der Insel. Er erinnert an jene Zeit, als der Export des ›weißen Goldes‹ boomte und die Zuckerbarone in prächtigen Häusern residierten. Im 16. und 17. Jh. gehörte San Andrés zu den wichtigsten kanarischen Handelshäfen: Zucker und Wein wurden vor allem nach Flandern und Spanisch-Amerika verschifft.

Puerto Espíndola ▸ G 2
Auf der LP-1042 gelangt man zum ehemaligen Exporthafen von San Andrés und Los Sauces. Mächtige Wellenbrecher aus Beton schützen ihn vor der Gewalt des Meeres, zerstören aber zugleich das romantische Ambiente, das er am Fuß der Steilhänge entfalten könnte. Dennoch – das Fischlokal bleibt eine Top-Adresse!

Tempel der Zuckerbarone – die Iglesia de San Andrés

San Andrés

Im türkisfarbenen Wasser des ›blauen Tümpels‹ ist man vor der Brandung geschützt

Übernachten

Beste Wahl – **Miriam:** Calle El Melonar s/n, Tel. 922 45 07 39, www.apartamentosmiriam.com, Ap. ab 40 €. Zwölf geräumige Apartments, nur wenige Gehminuten vom Naturschwimmbecken entfernt. Am schönsten sind die Eckräume – über Bananenfelder blickt man auf die Bucht.

Essen und Trinken

Am stimmungsvollen Platz – **San Andrés:** Plaza de San Andrés 7, Tel. 922 45 17 25, Do–Di 12–23 Uhr, Hauptgerichte ab 6 €. Auf der palmenbeschatteten Terrasse neben der Kirche lässt es sich gut Tapas essen, auch der Fisch ist nicht schlecht.

Mit tollem Ausblick – **Bar Charco Azul:** Calle El Melonar s/n (Charco Azul), www.actiweb.es/bar_charco_azul, Tel. 677 70 49 00, tgl. 11–18 Uhr (nicht geöffnet an regnerischen stürmischen Tagen), Gerichte ab 3 €. Nach einem Bad im Naturschwimmbecken geht man gern zur Bar hinauf und lässt sich von den freundlichen Inhabern auf Deutsch oder Englisch beraten. Jeden Tag bieten sie eine ganze Reihe leckerer Tapas *con sabor a mar* (mit dem Geschmack des Meeres), fangfrischen Fisch, außerdem Paella, Käse und Salate. Dazu gibt es Weißwein der Marke Teneguía.

> Über einen Küstenweg bei San Andrés erreicht man **Charco Azul,** ein in Fels geschlagenes Meerwasserschwimmbecken mit kristallklarem, türkisfarbenem Wasser. Eine Mauer schützt vor der Brandung, eine Bar mit Terrasse sorgt fürs leibliche Wohl. Der Steilhang hinter den Becken wurde befestigt, fortan soll man vor Steinlawinen sicher sein …

Termine

Fiesta del Carmen: 16. Juli. Die Schutzheilige der Fischer wird mit einer Bootsprozession geehrt.

Verkehr

Bus: Linie 104 verbindet San Andrés alle 2 Std. mit Los Sauces bzw. Puerto Espíndola.

11 | Botanische Wundertüte – Wandertour ab Los Tiles

Karte: ▶ F 3 | **Anfahrt:** mit dem PKW über die LP-105 | **Gehzeit:** 2 Std.

Der Lorbeerwald ist ein Relikt aus voreiszeitlichen Epochen. Nicht nur immergrüne Bäume wachsen hier, sondern auch mannshohe Farne, Lianen und Klettergewächse. Vieles erfährt man im Besucherzentrum, noch schöner ist eine Kurzwanderung zu einem Aussichtspunkt mit Blick ins grüne Labyrinth.

Lebendiges Museum

Schon lange bevor der Mensch existierte, wuchs Lorbeerwald rings um das Mittelmeer. Doch während er dort infolge der Eiszeiten ausstarb, überlebte er auf den wärmeren Atlantikinseln. Allerdings hat ihm die europäische Kolonialisierung fast den Garaus gemacht: Der Wald, der einst den gesamten Norden der Kanaren auf einer Höhe zwischen 500 und 1100 m bedeckte, wurde vielerorts Opfer der Zuckerindustrie – die Bäume dienten als Brennstoff der Siedereien. In den schwer zugänglichen Schluchten des Inselnordens von La Palma hat sich ein urwüchsiger Lorbeerwald erhalten: 1983 wurde er zum UNESCO-Biosphärenreservat erklärt.

Bäume, die Wolken kämmen

Im **Centro de Visitantes** 1 (Besucherzentrum) werden die zwanzig verschiedenen Baumtypen vorgestellt, die auf Anhieb nicht leicht zu unterscheiden sind. Seinen Namen verdankt das Naturreservat dem *til*, zu Deutsch ›Stinklorbeer‹ *(Ocotea foetens)*. Unangenehm riecht der Baum allerdings nur, wenn seine Rinde angeritzt wird.

Ein anderer Baum ist nach Apollo, den griechischen Gott der Schönheit benannt *(Apollonio barbusans)*; ein dritter *(Persea Indica)* trägt giftige Früchte, die nur die einheimische Lorbeertaube problemlos verdaut. Eines

11 | Wandertour ab Los Tiles

haben alle Lorbeerbäume gemein: Sie besitzen die Fähigkeit, die vom Nordostpassat heranwehenden Wolken zu ›kämmen‹: Die Feuchtigkeit kondensiert an ihren Blättern zu Tropfen und sorgt für ›horizontalen Regen‹.

> **Übrigens:** Im Stadtrat von Los Sauces flammen alle Jahre wieder Debatten auf, ob man den Besuchern nicht eine saftige Eintrittsgebühr abverlangen sollte …

Wanderung zum Mirador

Markierte Wanderungen führen durch den Lorbeerwald. Leicht ist der Naturlehrpfad zum Aussichtspunkt **Mirador Espigón Atravesado** 3: Vom **Centro de Visitantes** 1 geht es ca. 500 m auf der Straße zur Info-Hütte **Caseta de Información** 2. Dort biegt man rechts in die Forstpiste PR-LP 6 ein. Sie ist gelb markiert und trägt die Aufschrift »Monte El Canal y Los Tiles«. Nach ca. 5 Min. wird ein 100 m langer Tunnel durchquert, danach führt der Weg in den grünen Dschungel hinein. Nach ca. 20 Min. passiert man eine Gruppe von Stinklorbeerbäumen, auf die eine Info-Tafel aufmerksam macht. Später steigt der Weg stärker an und der Blick weitet sich zum tiefen Barranco del Agua.

Nach 50 Min. verlässt man die Piste auf dem scharf links abzweigenden, mit Geländer gesicherten Treppenpfad. Je höher man steigt, desto lichter wird es: In gut 700 m Höhe steht man am **Mirador Espigón Atravesado** 3 (1 Std.), der quer in die Schlucht hineinragt und einen herrlichen Blick über den Oberlauf der bewaldeten Schlucht eröffnet. Zurück zum **Besucherzentrum** 1 geht es auf gleichem Weg.

Infos

1 km südlich von Los Sauces (LP-1 Km 21.1, hier Bushaltestelle) zweigt links die schmale LP-105 ab, die in 3,5 km zur **Caseta de Información** 2 am Eingang zur hier vorgestellten Tour führt (leicht, 2 Std./4 km hin und zurück). Weitere 500 m aufwärts endet die LP-105 am **Centro de Visitantes** 1, wo weitere Touren starten.

Öffnungszeiten

Centro de Visitantes 1: Tel. 922 45 12 46, tgl. 9–17 Uhr.
Caseta de Información 2: tgl. 9–17 Uhr.

Essen und Trinken

Im Waldgasthof **Casa Demetrio** 1 unterhalb des Centro de Visitantes, dem Besucherzentrum, wärmt man sich am Kamin, bei schönem Wetter kann man auf der Terrasse Platz nehmen, Tel. 922 45 05 19, tgl. ab 10 Uhr, Hauptgerichte ab 8 €.

Ergänzende Touren

Vom oberen Parkplatz schraubt sich der gelb markierte Wanderweg PR-LP 7.1 in knapp 1 Std. zum **Mirador de las Barandas** hinauf. Er ist etwas anstrengend, aber man wird mit einem schönen Ausblick belohnt! Alternativ können Sie, sofern der Weg nicht wegen Steinschlaggefahr gesperrt ist, die **Wasserschlucht** erkunden: Vom Besucherzentrum folgen Sie der Straße bergab und biegen vor der Linkskurve rechts in einen Kanalweg ein, der zum Grund der Schlucht führt. Dort rechts weiter, erreichen Sie nach 15 Min. die Felswand mit (künstlichem) Wasserfall (1 Std.).

Der Norden und Nordosten

La Galga ▶ G 4

Der unscheinbare Weiler, 5 km nördlich Puntallana, ist für seinen urwüchsigen Lorbeerwald berühmt. Bester Zugangsort ist das bei Km 16.1 der LP-1 zwischen zwei Tunneln gelegene Info-Häuschen, das über eine Parkplatz verfügt. Dort erhält man ein Faltplatt zu einem 2 km langen Naturlehrpfad durch den **Cubo de La Galga** (▶ F 4), eine dunkle Schlucht mit Riesenfarnen, Weiden und dschungelartigem Lorbeer. Sehr zu empfehlen!

Puntallana ▶ G 4

Der 400 Einwohner zählende Ort liegt inmitten grüner Terrassenfelder an der LP-1. Am schönsten präsentiert er sich unterhalb der Kirche längs der schmalen, steil abfallenden Calle Processiones. Sie ist identisch mit dem weiß-gelb markierten Wanderweg PR-LP 4 und führt vorbei am Bücherhaus **BILA** und der **Casa Luján** (direkt 12 ▶); von der Aussichtsterrasse einer von Palmen eingefassten Quelle (Fuente de San Juan) schaut man über grüne Hänge aufs Meer.

BILA
Calle Processiones 2 (unterhalb der Kirche), www.bilacast-lapalma.com, Mi–Fr 17–20 Uhr.

Das ›Hexenhäuschen‹ mit deutschsprachiger Leihbücherei – immerhin sind 5000 Titel vorhanden – ist eine Rarität auf den Kanaren! Gast der ersten literarischen Veranstaltung war kein Geringerer als der Schriftsteller Günter Grass!

Strand
Die **Playa de Nogales,** ein schmaler Lavastrand am Fuße einer zerklüfteten Steilwand ist sehr romantisch, doch baden kann man nur im Sommer bei ruhiger See. Im Dorfzentrum auf der LP-102 Richtung Bajamar abzweigen und nach 2,8 km dem Schild zur ›Playa de Nogales‹ bis zum Parkplatz folgen; von dort geht man gut 10 Min. zu Fuß, wobei man unterwegs noch einen Abstecher links zur **Cueva del Infierno** einlegen kann.

Verkehr
Bus: Linie 100 fährt alle 2–4 Std. nach Santa Cruz und via Barlovento und Santo Domingo de Garafía nach Los Llanos de Aridane.

Baden kann man an der Playa de Nogales leider nur bei ruhiger See

12 | Besuch bei den Mayos – in der Casa Luján in Puntallana

Karte: ▶ G 4

Ob feine Seide, Stickerei oder Keramik – La Palmas Kunsthandwerkstraditionen werden gepflegt. Eine besonders fantasievolle Variante erlebt man in der herrschaftlichen Casa Luján: Dutzende grotesker Puppen inszenieren Alltagsszenen von anno dazumal.

Casa Luján [1]

Hier erlebt man Ländlichkeit von der schönsten Seite: Das im 19. Jh. erbaute Haus steht in einem terrassierten, pflanzenüberwucherten Tal und eröffnet über saftige Fluren Weitblick aufs Meer. Weiße Mauern umschließen einen kopfsteingepflasterten Innenhof, und auch die Balkone aus Kiefernholz repräsentieren den kanarischen Baustil. Erst diente die Casa Luján als Rathaus, später als Schule; heute öffnet darin ein Museum voller *Mayos:* lebensgroße, mit Geschick und Witz gestaltete Puppen. Ihre Komik rührt vom Kontrast zwischen bizarr und konventionell, fantastisch und real. In mehreren Räumen sind sie so arrangiert, dass sie zugleich Einblick ins ehemalige Dorfleben vermitteln. Im Salon grüßt eine Hochzeitsgesellschaft: Die Braut ist eine Bauernschönheit ganz in Weiß, die ihren gockelhaft aufgeputzten Bräutigam weit überragt, davor die Festtafel samt Gästen. Da ist ein beleibter Mann mit Schnauzbart und Zigarre, der ›es zu etwas gebracht‹ hat, weshalb er sich mit einer Schönheitskönigin schmücken kann. Ihm zur Seite sitzen die betagten Eltern, entrückt und in Träumereien versunken …

Doch es gibt noch andere spannende Szenen: Im Schlafzimmer sitzt die Señora mit Fächer und rot lackierten Fingernägeln erwartungsvoll im Bett. Im Essraum lässt sich ein Mann mit Lätzchen von einer jungen Magd bedienen, derweil am Herd resolute Köchinnen nichts anbrennen lassen. Gäste werden in der guten Stube empfangen, wo die Großmutter emsig an der Singer-Nähmaschine sitzt, während es sich ihr Gatte mit der Enkelin auf dem Sofa gut gehen lässt. Und ganz unten im Haus, wo einst Kinder die Schulbank drückten, sitzen auf harter Bank himmelblaue Puppen mit Herzmund und Unschuldsblick.

Conchas fantastisches Kabinett

Auf dem spanischen Festland sind *Mayos* junge Männer, die ihrer Auserwählten zum 1. Mai ein Ständchen bringen (*mayo* = Mai). Auf La Palma bezeichnet man als *Mayos* groteske Wesen, die in der Nacht zum 3. Mai festlich geschmückte Kreuze bewachen: Just an diesem Tag des Jahres 1493 war die Hauptstadt der frisch eroberten Insel gegründet worden; die Konquistadoren verpassten ihr den christlichen Namen ›Heiliges Kreuz‹ *(Santa Cruz)*.

Heute hält in der Stadt nur noch ein Nachbarschaftsverein die Tradition der *Mayos* aufrecht: In der Calle Rodríguez López (nahe Museo Naval) bewachen jedes Jahr in der Nacht zum 3. Mai mehr als einhundert Figuren die beiden Kreuze der Straße. Señora Concha San Juan erzählt, dass sie schon im Dezember mit der Arbeit beginnt. »Bei uns wird alles recycelt: ausrangierte Schuhe und Perücken, Krawatten und Ketten, Plastikblumen und das Karnevalskostüm vom Vorjahr – kurz: alles, was sonst im Müll landet, findet bei uns Verwendung.«

Im ›OP-Saal‹, wie sie es nennt, wird einem Holzrumpf ein Kopf aufgesetzt, anschließend schlüpft das ›Skelett‹ in einen ausgedienten Schlafanzug. Dieser wird mit so viel zerschreddertem Papier gefüllt, bis Leib und Glieder prall gefüllt sind. Ist der Körper fertig, erhält die Figur ihr Charakterprofil. »Wir hören Musik, lachen viel und zwischen einem Gläschen Wein und dem nächsten schält sich sich heraus, wen die Puppe darstellen soll. Wir probieren ihr so lange Kleider an, bis wir endgültige Klarheit haben.« Zu guter letzt bekommt die Figur das passende Gesicht. »Einmal haben wir einen Polizisten kreiert, der so echt wirkte, dass vor ihm Autos auf der Straße anhielten.« Doch mit der Kreation ist der Spaß noch lange nicht vorbei: »Nach dem Maifest schnappen wir uns die Mayos und tanzen mit ihnen die halbe Nacht!«

Öffnungszeiten

Museo Casa Luján 1: El Pósito 3, Mo–Sa 10–14 und 16–20, So 10–14 Uhr. Es gibt einen bequemen Zugang über die am nördlichen Ortsausgang abzweigende, zum Parkplatz führende Straße.

Einkaufen

Centro de Artesanía 1: An das Museum ist ein Laden angeschlossen, in dem man kulinarische Spezialitäten und Kunsthandwerk von der Insel erwerben kann.

Das Zentrum

El Paso ▶ D 6/7

Der Gemeindeort mit ca. 5000 Einwohnern ist ›Durchgangsstation‹ auf dem Weg von Los Llanos de Aridane nach Santa Cruz. Terrassenförmig zieht er sich von 450 m bis auf 750 m Höhe, was bedeutet, dass es hier an Winterabenden kühl werden kann. Das hat viele Deutsche nicht davon abgehalten, sich in El Paso niederzulassen. Sie schätzen das grandiose Gebirgspanorama (Caldera de Taburiente direkt 13 ▶ S. 102) und die Küstennähe; auch finden sie alles, was sie zum Leben brauchen: einen großen Supermarkt und Naturkostläden, Ärzte, Bäcker und sogar eine Waldorfschule. Um das Städtchen von seiner schönsten Seite zu erleben, verlässt man die Hauptstraße am Supermarkt San Martín und biegt in die Av. José Antonio ein. Zur Linken liegt die große, begrünte Plaza mit einem Pavillon der Touristeninfo. Zur Rechten zweigt etwas später die Calle Manuel Taño ab, mit ihren schmucken Bürgerhäusern die attraktivste Gasse El Pasos. Sie führt zum Seidenmuseum *(Museo de la Seda Las Hilanderas)*, dann vorbei an Kapelle und Kirche zur alten Dorfstraße hinauf. Hält man sich dort rechts, wird es idyllisch: Man passiert blumenumrankte alte Landhäuser und sieht im Hintergrund die Außenwand der Caldera.

Museo de la Seda Las Hilanderas

Calle Manuel Taño 6, Mo–Fr 10–14, Di, Do 17–19 Uhr, Eintritt 2,50 €

La Palma ist das letzte Refugium der europäischen Seidenspinner. Im Seidenmuseum wird der Produktionsprozess erläutert: Nach langer Mast mit Maulbeerblättern verpuppen sich Seidenraupen in einen Kokon aus hauchdünnem Faden. Bevor sie ▷ S. 105

In der Werkstatt des Seidenmuseums sind neugierige Besucher willkommen

13 | Im größten Erosionskrater der Welt – Caldera de Taburiente

Karte: ▶ C 6–D 5 | **Anfahrt:** mit dem PKW bis zum Parkplatz Barranco de Las Angustias, von dort weiter mit dem Sammeltaxi bis Los Brecitos | **Gehzeit:** 5 Std.

Ein Klassiker, der es in sich hat: Beschaulich ist der Abstieg durch Kiefernwald und genussvoll ein Bad in den kleinen Felsbecken am Kratergrund. Zurück geht es durch die ›Schlucht der Ängste‹.

»Ein Krater von entsetzlicher Tiefe«, so notierte der Geologe Leopold von Buch 1852: Die **Caldera de Taburiente** im Herzen der Insel ist eine Felsarena von 9 km Durchmesser, deren Basaltwände über 1500 m in die Tiefe stürzen. Nur an einer Stelle, dem Nadelöhr des Barranco de Las Angustias, ist die Caldera mit der Außenwelt verbunden. 1981 wurde sie zum Nationalpark erklärt.

Urvulkan

Doch wie ist dieser riesige Trichter entstanden? Infolge von Vulkanausbrüchen vor Hunderttausenden von Jahren war ein knapp 4000 m hoher Kegel gewachsen. Nachdem seine Magmakammer ihre glühende Lava nach außen geschleudert, d. h. sich entleert hatte, entstand im Herzen des Vulkandoms ein Hohlraum. Dessen Decke konnte die Lavamassen des aufsitzenden Kegels nicht halten: Sie brach ein und die Gesteinsmassen stürzten in die Tiefe. Tausende von Jahren dauerte es, bis durch Sturzregen und Quellwasser der Gesteinsschutt durch den Barranco de Las Angustias ins Meer abgeführt wurde.

13 | Caldera de Taburiente

Zeitreise

Eine Wanderung durch die Caldera ist eine Reise in La Palmas vulkanische Entstehungsgeschichte. Unterwegs sieht man Ausstülpungen von Kissenlava, die beim Ausbruch des Urvulkans aus den tiefsten, unterseeischen Schichten der Insel emporgerissen worden war. Dagegen ist die 60 m hohe Felsnadel des Roque Idafe das Relikt eines freigelegten Magmaschlots. In die schroffen Steilwände krallen sich Kiefern, auf dem Grund der Caldera bilden sie lichte Haine. Nach Regenfällen stürzen Wasserkaskaden über die Felswände hinab und tragen dazu bei, dass der ganzjährig fließende Caldera-Bach zusätzliche Nahrung erhält. Er wird von Quellen gespeist, die pro Sekunde 100 bis 300 Liter ausstoßen. Das meiste davon wird in unterirdische Galerien eingespeist, die der Wässerung von Bananenplantagen dienen.

Wanderetappe I

Vom **Parkplatz Barranco de Las Angustias** 1 (240 m) bringt das Sammeltaxi die Wanderer in zahllosen Kehren zum Ausgangspunkt der Tour am **Mirador de Los Brecitos** 2 (1130 m). Man folgt nun stets dem gelb markierten PR-LP 13 in Richtung *Zona de acampada*, sanft und stetig geht es über weiches Nadelpolster hinab. Der Weg ist als Naturlehrpfad angelegt, an zehn Stationen kann man sich über Geologie, Flora und Fauna kundig machen. Man läuft durch duftenden Kiefernwald, kleine Schluchten werden auf Holzbrücken gequert. Immer wieder bieten sich atemberaubende Ausblicke, besonders schön vom **Mirador del Lomo de Tagasaste** 3 (45 Min.) mit Blick in den Talkessel. Nach weiteren 45 Min. ist der Talgrund der Caldera erreicht, fast lotrecht ragen die Felswände auf. Das Wasser staut sich im Flussbett zu Tümpeln – ein willkommener Anlass, sich zu erfrischen. Quert man das Flussbett, gelangt man über eine Böschung zum Picknick- und Campingplatz **Playa de Taburiente** 4 (1.45 Std.). Rechts hinauf geht es zum **Centro de Servicios de Taburiente** 5, einer Infostelle mit Ausstellungsraum und Toiletten.

Wanderetappe II

Der Wanderweg führt an der Info-Stelle vorbei und ist ausgeschildert (Barranco de Las Angustias). Er verläuft oberhalb des Bachs zu einer Einsattelung, wo er nach links zum Barranco de Almendro Amargo, der ›Schlucht des bitteren Mandelbaums‹ schwenkt. Nach ein paar Minuten geht es hinauf, dann wieder hinab – kurzzeitig mit Blick auf den Roque Idafe, den heiligen Berg der Altkanarier. Nach ca. 30 Min. hat sich der Weg dem Bach genähert und gabelt sich: Beide Varianten führen später wieder zusammen; leichter ist der Abzweig rechts hinauf *(salida normal)*.

Fließt der gelblich gefärbte Barranco del Limonero in unsere Schlucht ein (Wegpunkt 213), besteht die Möglichkeit, ihm nach links 500 m zu einem kleinen Wasserfall, der **Cascada de Los Colores** 6, zu folgen (am Ende Kletterpartie). Indes führt der Hauptweg sogleich ins Bachbett hinab, dem wir talabwärts folgen. Wenige Minuten später vereint sich der Barranco de Almendro Amargo mit dem von rechts kommenden Río de Taburiente: **Dos Aguas** 7 (3.15 Std.) wird die Stelle genannt, an der offiziell der Barranco de Las Angustias beginnt. Hier gilt es, das Bachbett nach rechts zu queren, der Weg verläuft nun oberhalb des Betts. Er wechselt in der Folge mehrfach die Flussseite. 50 m, nachdem man unter einer Rohrleitung hindurch musste, schwenkt man auf den links abzweigenden Weg, der später wieder ins Bachbett mündet und dieses

Das Zentrum

nach 50 m verlässt, diesmal nach rechts. Nach weiteren 10 Min. führt der Weg oberhalb einer Kanalbrücke an einem Steinhaus vorbei und geleitet erneut ins Bachbett hinab, wo eine zweite Kanalbrücke passiert wird. Wenn sich die Klamm nach 5 Min. verengt, gilt es zwecks Umgehung einer Steilstufe dem Weg nach links zu folgen. Bald quert er das Bachbett nach rechts und setzt sich auf der dortigen Talseite fort. 10 Min. später gelangt man ins Barranco-Bett und spaziert durch die sich allmählich öffnende Schlucht, die im Schlussabschnitt mit Badebecken überrascht, zum **Parkplatz** 1 zurück.

Schwierigkeitsgrad
Die Tour ist gelb markiert (PR-LP 13), für die 11 km lange Strecke sind 5 Std. reine Gehzeit einzuplanen. Die erste Etappe ist leicht und landschaftlich reizvoll, die zweite spektakulär und schwierig, Trittsicherheit und gute Kondition sind erforderlich. Man sollte früh starten, denn mit Pausen ist man den ganzen Tag unterwegs.

Ausrüstung
Außer Wanderschuhen und Sonnenschutz benötigt man Proviant und Wasser, für eine Erfrischung in den Felsbecken auch Badezeug.

Info
Am Info-Stand, der Caseta de Información **Lomo de los Caballos** (tgl. 8–17 Uhr, s. Anfahrt) kann man sich über die aktuelle Wetterlage und die Begehbarkeit der Wege informieren. An Tagen mit Starkregen (auch an den Folgetagen), wenn das Wasser in der Schlucht anschwillt, ist von der Wanderung abzuraten.
Am Campingplatz ist das **Centro de Servicios de Taburiente** 5 tgl. 11–16 Uhr geöffnet.

Anfahrt
Von Los Llanos de Aridane fährt man mit dem Auto (kein Busanschluss) über die Calle Dr. Fleming stadtauswärts und folgt der Ausschilderung Richtung Parque Nacional de la Caldera de Taburiente. Unterwegs passiert man den Info-Stand Lomo de los Caballos. Nach 5 km ist der **Parkplatz Barranco de Las Angustias** 1 erreicht. Dort steigt man in ein Sammeltaxi (tgl. 9–12 Uhr, Mobiltel. 620 05 26 92, www.taxiscalderataburiente.com), das für die 10 km lange Strecke zum 900 m höheren **Mirador de Los Brecitos** 2 ab 10 € p. P. (abhängig von der Personenzahl) verlangt. Man kann vom Parkplatz auf dem gelbem PR-LP 13 in 2.15 Std. nach Los Brecitos laufen, dabei ist ein Höhenunterschied von 800 m zu bewältigen. Wer nur bis zum Campingplatz laufen und auf demselben Weg zurück will, sollte mit dem Taxifahrer den Rücktransport zum Parkplatz absprechen.

Unterkunft
Um kostenlos zwei Nächte im Kratergrund campieren zu können, muss man sich frühzeitig per Internet (www.reservasparquesnacionales.es) anmelden. Im Sommer und Herbst kommt man mit Schlafsack und Isomatte aus, im Winter ist ein Zelt empfehlenswert.

Essen
Das Lokal **Balcón Taburiente** 1, auf halber Strecke zwischen Parkplatz und Los Llanos de Aridane, aussichtsreich über einer Flanke der Schlucht (Camino Cantadores 2, nahe der Caldera-Zufahrt, Tel. 922 40 21 95, Mi–Mo 12–23 Uhr, Gerichte ab 7 €).

El Paso

sich in bunte Schmetterlinge verwandeln können, werden sie in siedend heißes Wasser geworfen und gekocht. Nur so löst sich der Faden von der Raupe, kann anschließend mit Naturstoffen gefärbt und auf eine Spindel gewickelt werden. Zuletzt wird er zu feinem Stoff verwebt, aus dem Schals, Krawatten und Hemden genäht werden. In der Seidenwerkstatt des Museums freut man sich über Besucher und lässt sich bereitwillig bei der Arbeit zuschauen. Das Museum befindet sich im Zentrum des Ortes schräg gegenüber der Post.

Ermita Virgen del Pino ▶ E 6
Nahe der Auffahrt zur Cumbrecita steht eine romantische Wallfahrtskapelle. Der Legende zufolge ist die Heilige Jungfrau einem Bauern kurz nach der Eroberung in einer Kiefer erschienen. Ein Wanderweg führt von der Ermita den Hang hinauf. Folgt man ihm, erreicht man nach einer Stunde den Höhenzug La Cumbre.

La Cumbrecita
Kurze aber spektakuläre Runde im Herz des Nationalparks: `direkt 14` ▶ S. 106

Übernachten
Mit schönem Garten – **Finca Cosmos:** Calle Guzmán Toledo s/n, Tel. 922 40 14 74, www.finca-cosmos.com, 2 Pers. 55–65 €. Eine altkanarische Finca am östlichen Ortsrand wurde mit viel Liebe zum Detail restauriert. 2–4 Personen können im Haupthaus wohnen (mit Kamin!), etwas kleiner, aber gleichfalls komfortabel ist das neu errichtete Nebenhaus. Herrlich ist das zugehörige 7000 m² große Grundstück mit zahlreichen Obstbäumen, Palmen, Blumen und Kakteen, WLAN ist kostenlos.

Komfortabel am Sonnenhang – **La Luna Baila:** Echedey 24, Tacande de Abajo, Tel. 922 48 59 97, www.lapalma-sonne.de, 2 Pers. 50–72 €. Attraktive Wohnanlage in einem großen, üppig wuchernden Hanggarten, 2,5 km südlich von El Paso. Familie Kaas vermietet ein Studio und vier räumlich voneinander getrennte, komfortabel eingerichtete Bungalows mit Weitblick aufs Meer (Sat-TV, DVD-Player, Heizung, Gratis-WLAN). Die Gäste teilen sich einen Pool.

Essen und Trinken
Deutsch-palmerisch – **La Perla Negra:** Calle Antonio Piño Pérez 12, Tel. 922 48 57 35, www.restaurante-la-perla-negra.com, Mi–Sa ab 17, So 13–22 Uhr, Hauptgerichte ab 10 €. María und Carsten bieten feine kanarische Küche, auch Vegetarier werden hier fündig.

Zum Sonnenuntergang – **Tasca Catalina:** Calle Miramar 27, Tel. 922 48 65 69, www.tasca-catalina.de, Di–Sa ab 17 Uhr, kleine Gerichte ab 5 €. Biegt man von der LP-3 nach Los Llanos de Aridane nach 300 m (unterhalb des Fußballplatzes, ausgeschildert) ab, entdeckt man wenig später eine vorzügliche Tapas-Bar. Jede Woche gibt es eine neue Speisekarte, immer wird mit frischen Zutaten gekocht. Beliebt sind auch die Kanapées mit selbst gemachter Thunfisch- und Käsecreme. Die sieben Tische füllen sich rasch. Ist es warm, sitzt man auf der Terrasse und genießt den Sonnenuntergang. Anfahrt: von El Paso auf der LP-3 in Richtung Los Llanos, nach 300 m rechts (ausgeschildert).

Locker kanarisch – **Tasca Barbanera:** Av. José Antonio/Juan Fernández, Tel. 665 97 81 69, www.tascabarbanera.com, Di–So 12–23 Uhr, Hauptgerichte ab 7 €. Tagesgerichte und schmackhafte Tapas in rustikalem Ambiente, noch immer sehr gut ist die Vorspeisenplatte.
▷ S. 108

14 | Spaziergang am Rand der Caldera – La Cumbrecita

Karte: ▶ D/E 5 | **Anfahrt:** mit dem PKW über die LP-3 zum Centro de Visitantes, von dort nur mit Genehmigung weiter über die LP-302 bis La Cumbrecita

Die Runde im Herz des Nationalparks ist kurz, aber spektakulär: Ein Tiefblick folgt dem nächsten, während man in luftiger Höhe am Rand der Caldera spaziert. Außer dem Rauschen der Kiefernbäume und dem »Krakra« der Krähen ist kaum ein Geräusch zu vernehmen.

Von der Plattform **La Cumbrecita** 1 (1287 m) hat man einen prächtigen Ausblick: Im Süden sieht man die Bergkämme der Cumbre Nueva, über die oft ein Wolkenmeer schwappt, das sich wenig später in Nichts auflöst. Im Norden schießen die Wände der halbkreisförmigen Caldera bis zu einer Höhe von 2426 m empor; nach Regen stürzen Wasserfälle in den Krater hinab.

Start mit Abstecher

Der breite Weg startet am Info-Häuschen (tgl. 9–18 Uhr) hinter dem Parkplatz von **La Cumbrecita** 1. An der Gabelung nach 100 m halten wir uns links und gelangen durch lichten Kiefernwald zu einer Gabelung. Hier lohnt ein kurzer Abstecher zum **Mirador de Los Roques** 2, von dem sich grandiose Tiefblicke eröffnen: ein guter Ort, um sich zu vergegenwärtigen, was im Innern der Caldera vor über 500 Jahren geschah ...

Exkurs: Das Jahr 1493

Im April 1493 war La Palma fast erobert, doch noch immer hielten sich Hunderte von Ureinwohnern in der Caldera versteckt – wussten sie doch, dass der riesige, von über 1000 m hohen Felswänden abgeschlossene Kessel uneinnehmbar war. An Wasser und Proviant mangelte es ihnen nicht, denn ein ganzjährig fließender Bach entsprang der Caldera, mehr als 100 Quellen speisten eine üppige Vegetation aus Lorbeer, Weide und Zeder. Führer der Ureinwohner war Tanausú, sein spani-

14 | La Cumbrecita

scher Gegenspieler der skrupellose Fernández de Lugo. So versprach er Tanausú einen Waffenstillstand, sofern dieser mit ihm in Verhandlungen träte. Der altkanarische Fürst ging auf das Angebot ein und verließ sein Versteck. Lugos Männer aber überwältigten ihn und verschleppten ihn auf ein Schiff: Als kostbare Trophäe sollte er Spaniens Königen vorgeführt werden. Tanausú weigerte sich zu essen und starb während der Überfahrt. Indessen hatten sich seine Stammesangehörigen ergeben: Die Konquista war besiegelt und La Palma der spanischen Krone einverleibt.

Zum Mirador de Las Chozas

Anschließend kehren wir zur Gabelung zurück und folgen dem Wegweiser Richtung Lomo de las Chozas.

Auf schmalem Weg und auf federndem Boden laufen wir durch duftenden Kiefernwald längs der Abbruchkante des Felsmassivs. Kleine Seitenschluchten werden auf Holzbrücken gequert. Nach einem längeren sachten Anstieg stoßen wir auf eine Erdpiste und folgen ihr nach rechts. An der Gabelung wenig später kann man sowohl links als auch rechts weiter gehen, denn beide Wege führen zu dem über dem Abgrund hängenden **Mirador de Las Chozas** 3, zu dem ein geländergesicherter Weg führt – der Ausblick in die Tiefe ist fantastisch!

Zurück nach La Cumbrecita

Vom Mirador geht es zur Piste zurück, auf der wir in zwanzig Minuten erst in südlicher, dann in östlicher Richtung zum Startpunkt La Cumbrecita zurückbummeln. Unterwegs passieren wir Lehrpulte, die – vorerst nur auf Spanisch – Besonderheiten der Caldera erklären.

Infos

Centro de Visitantes Caldera de Taburiente: LP-3, (3 km östl. El Paso, Bushaltestelle), Tel. 922 49 72 77, www.magrama.gob.es/es/red-parques-nacionales (span.), tgl. 9–18 Uhr, Eintritt frei. Im Besucherzentrum erhält man die Zufahrtserlaubnis zum 7 km entfernten Aussichtspunkt La Cumbrecita. Busse fahren nicht dorthin.
Tipp: Planen Sie den Besuch für die Zeit nach 16 Uhr, dann können Sie – vorerst wenigstens – ohne Anmeldung/Reservierung nach La Cumbrecita hinauffahren!
Im Besucherzentrum wird man anschaulich in die vulkanische Entstehung der Insel und ihre Geschichte eingeführt (Erläuterungen mehrsprachig). Zudem werden stündlich Filme über La Palma und die Caldera gezeigt.

Centro Las Piedras de Taburiente: LP-3, Tel. 922 48 50 56, Mo–Sa 9–18 Uhr. Gegenüber vom Besucherzentrum wird kanarisches Kunsthandwerk ausgestellt und zum Verkauf angeboten. Bilder von Luis Morera schmücken die Räume, dazu gibt es eine Tapas-Bar und einen Veranstaltungssaal.

Das Zentrum

Abendstimmung in der ›Durchgangsstation‹ El Paso

Einkaufen

Markt – **Mercadillo del Agricultor:** El Paso de Abajo, Fr 15–19, Sa 10–14 Uhr. Kleine Markthalle unterhalb der städtischen Plaza. Außer Kunsthandwerk werden auch Wein und Likör, Brot, Obst und Gemüse verkauft – direkt vom Erzeuger!

Bio – **Alegría:** Calle Tanausú 16. Einer von mehreren gut sortierten deutschen Naturkostläden – mit Naturkosmetik und vielen einheimischen Produkten, Ziegenkäse, Honig und Wein.

Für Süßschnäbel – **La Tarta:** Islas Canarias 12, Bestellungen Mobiltel. 696 21 60 16, Di–Sa 8.30–14.30 Uhr. Martinas Torten sind auf der ganzen Insel bekannt, doch auch die diversen Brotvarianten von Andreas können sich sehen lassen. Lage: gegenüber der Auffahrt zum Parkplatz des Supermarkts.

Kunsthandwerk – **La Sorpresa:** Islas Canarias 6, www.lasorpresa-lapalma.com. Britta verkauft schöne Souvenirs, unter anderem Schmuck aus Lavastein und mit feuervergoldeter Keramik, oft auch mit altkanarischen Motiven, dazu Seidenschals und Mode aus Naturfasern.

Lavalandschaft ab El Pilar

Wanderung über den Rücken der Cumbre Vieja **direkt 15** ▶ S. 109.

Infos

Oficina de Turismo: CIT Tedote, Calle Antonio Pino Pérez s/n, 38750 El Paso, Tel. 922 48 57 33, oitelpaso@lapalmacit.com, Mo–Fr 9.30–17.30, Sa–So 10–14 Uhr. Info-Stelle und Verkauf von palmerischem Kunsthandwerk.

Termine

Fiesta del Sagrado Corazón: Juni. Prozession zum Herz-Jesu-Fest am 2. Sonntag nach Fronleichnam

Fiesta del Pino: Anfang Sept. Jährliches Fest zu Ehren der Kiefernjungfrau. Groß gefeiert wird sie alle 3 Jahre (2018) im August. Dann startet an der Ermita Virgen del Pino eine Prozession, bei der die Marienfigur für eine Woche nach El Paso entführt wird.

Verkehr

Bus: Linie 300 fährt alle 30–60 Min. direkt nach Santa Cruz und Los Llanos; zentrale Haltestelle an der Calle Antonio Pino Pérez. **Taxi:** 922 48 50 03.

15 | Bizarre Lavalandschaft – Vulkanroute ab El Pilar

Karte: ▶ E 8 | **Anfahrt:** mit dem PKW über die LP-301
Gehzeit: Große Vulkanroute 5.30 Std.

El Pilar ist ein Lieblingsplatz der Palmeros: Am Wochenende grillen sie hier von früh bis spät. Die Waldlichtung ist zugleich Startpunkt der großen Vulkanroute zur Südspitze. Höhepunkte finden sich bereits auf den ersten Kilometern, auf dem Weg zum Aussichtsbalkon Mirador del Birigoyo ...

Das Panoptikum auf der ›Transvulcana‹ ist schwer zu toppen: Kegel mit eingesenktem Krater über der Wolkengrenze, pechschwarze, im Fluss erstarrte Lavaströme, Aschewüsten von gelb über rostrot bis purpur.

La Palmas Vulkanroute verläuft über den lang gestreckten Rücken der Cumbre Vieja, bestehend aus noch aktiven, nur schlummernden Vulkanen. ›Alter Gipfelgrat‹ wird er genannt, doch sind ihm zahlreiche junge Vulkane aufgesetzt. Die meisten wuchsen in den letzten hunderttausend Jahren empor, was geologisch gesehen ein Wimpernschlag ist; die jüngsten drei entstanden in den vergangenen Jahrzehnten. Dass ausgerechnet hier im-

Das Zentrum

mer wieder Eruptionen stattfinden, hat mit einem Riss im Erdmantel zu tun, der sich unter der Cumbre Vieja befindet, allerdings viele Kilometer unter dem Meeresboden. Durch ihn schießt aus dem Erdinnern in periodischen Abständen heißes Magma an die Erdoberfläche, begleitet von Feuer, Rauch und Ascheregen.

Katastrophen-Szenario

Vor einigen Jahren schreckten Geologen des Londoner University College die Inselbewohner auf, als sie die kühne These aufstellten, La Palma werde eines Tages untergehen wie einst das legendäre Atlantis. Frank Schätzing durfte das Horror-Szenario in seinen 2006 erschienenen »Nachrichten aus einem unbekannten Universum« ausspinnen. Die z. T. effekthascherisch vorgetragenen Thesen haben einen realen Kern: Der kleine unterseeische Sockel wird das Gewicht der vergleichsweise hohen Insel auf Dauer nicht tragen können. So ist bei Verschiebungen im Atlantikboden, vielleicht auch bei einem besonders heftigen Vulkanausbruch in der Cumbre Vieja die Destabilisierung des Inselgerüsts nicht auszuschließen. Dabei könnte La Palma in zwei Hälften auseinandergerissen werden, die in einem gewaltigen Erdrutsch im Meer versänken. Die entstehende Flutwelle hätte so gigantische Ausmaße, dass sie nicht nur den Archipel überfluten würde, sondern auch die Ostküste der USA. Spanische Geologen mahnten indes zur Zurückhaltung. Sie erinnerten daran, dass bei den Ausbrüchen 1949 und 1971 La Palmas Erde nicht einmal gebebt habe. Professor Carracedo: »Eines Tages könnte La Palma tatsächlich auseinanderbrechen und versinken, doch haben wir es hier mit geologischen Prozessen zu tun, die sich nicht in hundert oder tausend, sondern in Millionen von Jahren abspielen.« Auch die Palmeros sehen die Sache locker: »Würde denn die EU so viel Geld in unsere Sternwarte investieren«, fragen sie, »wenn die Insel nicht niet- und nagelfest wäre?«

Große Vulkanroute

Bis zum Untergang La Palmas können Sie die Vulkanroute (oder Teile davon) in vollen Zügen genießen! Startpunkt ist der mitten im Kiefernwald gelegene Picknickplatz **El Pilar** 1 . Sie gehen vor bis zu dem an seinem Südende gelegenen **Centro de Visitantes,** das mit Schautafeln, einem Film und (deutschsprachigen) Broschüren über die vulkanische Inselentstehung Informiert, auch Wandermöglichkeiten werden aufgezeigt. ›Unser‹ Weg ist der weiß-rot markierte **GR-131,** der bis Los Canarios läuft und sich dann bis zur Inselsüdspitze verlängert.

Der Einstieg ist leicht zu finden. Kurz hinter dem Besucherzentrum geht es halbrechts auf schmalem Pfad (angezeigt GR-131) durch Kiefernwald aufwärts, an der Gabelung nach 10 Min. hält man sich rechts. Nach weiteren 5 Min. empfiehlt sich eine kurze Rast am rustikalen Aussichtsbalkon **Mirador del Birigoyo** – bei klarem Wetter genießt man dort einen fantastischen Blick über das Aridane-Tal bis hin zur Caldera-Außenwand und zur Cumbre Nueva, über die oft wasserfallartig ein Wolkenvorhang schwappt. Nach weiteren 10 Min., wenn sich der Wald gelichtet hat, gehen wir in einem Bogen am links aufragenden, 1808 m hohen Pico Birigoyo vorbei. Unser Weg mündet in eine Forstpiste (30 Min.), auf der wir nach links aufsteigen. 15 Min. später kommen wir zu einer markanten Gabelung, an der wir rechts einschwenken (GR-131). Wir erleben in bunter Folge Ginster, Kiefern und Lavageröll, queren nach 20 Min. eine Holzbrücke, steigen noch einmal steil bergauf, ignorieren den links abzwei-

15 | Vulkanroute ab El Pilar

genden grün markierten Weg SL VM 125 und kommen zum Kraterrand des Vulkans **Hoyo Negro** 2, der letztmalig im Jahr 1949 ausgebrochen ist. In der Folge passieren wir die Flanke eines weiteren ›schwarzen Kessels‹. Wo sich der Weg am tiefsten Punkt des Kraters gabelt, schwenken wir rechts ein und laufen in weitem Halbkreis um den rot schimmernden **Duraznero** 3 (1902 m) herum. Danach führt der Weg erst durch ein Tal, dann schweißtreibend zum zweiten Gipfel der Doppelspitze, dem **Deseada II** 4 hinauf – mit 1937 m höchster Punkt der Cumbre Vieja und unserer gesamten Tour. Für die Mühe des Aufstiegs werden wir mit einem weiten Panoramablick belohnt: Über das Wolkenmeer hinweg bietet sich ein grandioser Fernblick über das Meer bis zu den Nachbarinseln.
Auch in der Folge geht es in markantem Auf und Ab weiter. Wir queren den gelb markierten LP-15 (Jedey-Tigalate) und bleiben auf Südkurs. Hinter dem Mirador des 1860 m hohen **Cabrita** wird der rote **Volcán Martín** 5 (1602 m) sichtbar, an dem der Weg rechts vorbeiführt. Schließlich senkt sich der Weg in Kiefernwald hinab – niedrige Seitenmauern und Richtungsschilder zeigen den weiteren Verlauf an. Zwei Pisten werden gequert, bevor es an der Kreuzung GR 131/130 geradeaus weitergeht. Der Weg mündet in eine Forstpiste, auf der wir uns nach **Los Canarios** 6 hinabtreiben lassen.

> **Übrigens:** Wer mehr über die Ausbruchstellen auf der Cumbre Vieja, die Krater des Hoyo Negro und des Duraznero erfahren will, wählt als Berater den »Geologischen Wanderführer La Palma« (RT Geologie Verlag, Aachen 2015). Darin laden Diplomgeologe Rainer Olzem und der Geowissenschaftler Timm Reisinger zu 17 Touren ein, frei von Fachjargon und gut illustriert – mit Fotos, Karten und aufschlussreichen geologischen Skizzen.

Infos
El Pilar liegt an der LP-301 und ist nicht per Bus erreichbar. Mit Bus 1 kann man zum Centro de Visitantes de El Paso fahren und auf dem gelben PR-LP 14 nach El Pilar wandern (1 Std.).

Wie geht's zurück?
Die Ruta de los Volcanes ist 17 km lang (Anstieg 750 m, Gehzeit 5.30 Std.). An ihrem Ende hat man das Problem: Wie komme ich zum Wagen in El Pilar zurück? Ein Taxi kostet über 45 €; günstiger ist eine Kombination von Busfahrt bis Los Llanos (Linie 3) und Weiterfahrt im Taxi. Eine Alternative ist Car-Sharing mit Freunden: Am ersten Tag sind Sie ›Taxifahrer‹, am nächsten Tag die Freunde.

Öffnungszeiten
Centro de Visitantes El Pilar 1: tgl. 8–14 Uhr.

Übernachten
Auf dem **Camping Refugio El Pilar** 1 kann man nach erfolgreicher Anmeldung (s. S. 15) gratis im eigenen Zelt übernachten. Die sanitären Einrichtungen sind spartanisch, es gibt Trinkwasser und Grillstellen.

Weitere Touren
Im Centro de Visitantes erhält man Infos zum Naturlehrpfad *(sendero autoguiado)*, der zur ›Teufelshöhle‹ führt und zum Pilzlehrpfad *(sendero micológico)*, der vor allem im Spätherbst und frühen Winter Spaß macht.

Sprachführer Spanisch (Kastilisch)

Aussprachregeln
Wörter, die auf Vokal, n oder s enden, werden auf der vorletzten Silbe betont, alle anderen auf der letzten Silbe. Von diesen Regeln abweichende Betonungen verdeutlicht ein Akzent (z. B. teléfono). Treffen zwei Vokale aufeinander, so werden beide einzeln gesprochen (z. B. E-uropa).

Konsonanten:
c vor a, o, u wie k, z. B. casa, vor e, i wie englisches th, z. B. cien
ch wie tsch, z. B. chico
g vor e, i wie deutsches ch, z. B. gente
h wird nicht gesprochen
j wie deutsches ch, z. B. jefe
ll wie deutsches j, z. B. llamo
ñ wie gn bei Champagner, z. B. niña
qu wie k, z. B. porque
y wie deutsches j, z. B. yo (außer am Wortende)
z wie englisches th, z. B. azúcar

Allgemeines
guten Morgen/Tag	buenos días
guten Tag (nachmittags)	buenas tardes
guten Abend/gute Nacht	buenas noches
auf Wiedersehen	adiós
Entschuldigung	disculpe, perdón
hallo, grüß dich/Sie	hola, ¿qué tal?
bitte	por favor
danke	gracias
ja/nein	sí/no
Wie bitte?	¿perdón?

Unterwegs
Bahnhof	la estación
Flughafen	el aeropuerto
Bus/U-Bahn/Auto	autobús/metro/coche
Haltestelle	la parada
Parkplatz	el aparcamiento
Fahrkarte	el billete
Tankstelle	la gasolinera
Eingang	la entrada
Ausgang/-fahrt	la salida
rechts	a la derecha
links	a la izquierda
geradeaus	todo recto
hier/dort	aquí/allí
Auskunft	información
Stadtplan	mapa de la ciudad
Postamt	correos
geöffnet	abierto/-a
geschlossen	cerrado/-a
Kirche	la iglesia
Museum	el museo
Strand	la playa
Straße	la calle
Platz	la plaza

Übernachten
Hotel/Pension	el hotel/la pensión
Einzelzimmer	habitación individual
Doppelzimmer	habitación doble
mit/ohne Bad	con/sin baño
Toilette	el servicio
Dusche/Bad	la ducha/el baño
mit Frühstück	con desayuno
Halbpension	media pensión
Gepäck	el equipaje
Rechnung	la cuenta

Einkaufen
kaufen	comprar
Geschäft/Markt	la tienda/el mercado
Geld	el dinero
Geldautomat	el cajero automático
bar	en efectivo
Kreditkarte	la tarjeta de crédito
Lebensmittel	la comida
teuer/billig	caro/barato
wieviel	¿cuánto?
bezahlen	pagar

Notfall
Apotheke	farmacia
Arzt/Zahnarzt	el médico/el dentista
Hilfe!	¡socorro!
Krankenhaus	el hospital, la clínica
Polizei	la policía
Schmerzen	dolores
Unfall	el accidente

Zeit, Wochentage
Stunde	la hora
Tag	el día

Sprachführer

Woche	la semana	**Zahlen**	
Monat	el mes	1 uno	17 diecisiete
Jahr	el año	2 dos	18 dieciocho
heute	hoy	3 tres	19 diecinueve
gestern	ayer	4 cuatro	20 veinte
morgen	mañana	5 cinco	21 veintiuno
morgens	por la mañana	6 seis	30 treinta
mittags	a mediodía	7 siete	40 cuarenta
abends	por la noche	8 ocho	50 cincuenta
früh, spät	temprano, tarde	9 nueve	60 sesenta
Montag	lunes	10 diez	70 setenta
Dienstag	martes	11 once	80 ochenta
Mittwoch	miércoles	12 doce	90 noventa
Donnerstag	jueves	13 trece	100 cien
Freitag	viernes	14 catorce	150 cientocincuenta
Samstag	sábado	15 quince	200 doscientos
Sonntag	domingo	16 dieciséis	1000 mil

Die wichtigsten Sätze

Allgemeines
Sprechen Sie Deutsch/Englisch? ¿Habla usted alemán/inglés?
Ich verstehe nicht. No entiendo.
Ich spreche kein Spanisch. No hablo español.
Ich heiße … Me llamo …
Wie heißt Du/heißen Sie? ¿Cómo te llamas/se llama?
Wie geht es Dir/Ihnen? ¿Cómo estás/está usted?
Danke, gut. Muy bien, gracias.
Wie viel Uhr ist es? ¿Qué hora es?

Unterwegs
Wie komme ich zu/nach …? ¿Cómo se llega a …?
Wo ist …? ¿Dónde está …?
Könnten Sie mir bitte … zeigen? ¿Me podría enseñar …, por favor?

Notfall
Können Sie mir bitte helfen? ¿Me podría ayudar, por favor?
Ich brauche einen Arzt. Necesito un médico.
Hier tut es mir weh. Me duele aquí.

Übernachten
Haben Sie ein freies Zimmer? ¿Hay una habitación libre?
Wie viel kostet das Zimmer pro Nacht? ¿Cuánto vale la habitación al día?
Ich habe ein Zimmer bestellt. He reservado una habitación.

Einkaufen
Wie viel kostet …? ¿Cuánto vale …?
Ich brauche … Necesito …
Wann öffnet/schließt …? ¿Cuándo abre/cierra …?

Kulinarisches Lexikon

Getränke (bebidas)

agua (con/sin gas)	Wasser (mit/ohne Kohlensäure)
batido	Milchshake
café con leche	Milchkaffee
café solo	Espresso
café cortado	Espresso mit Milch
caña	gezapftes Bier
chocolate	Kakao
cerveza	Bier
champán	Sekt
fino	Sherry
granizado	zerstoßenes Eis mit Sirup
horchata	Erdmandelmilch
té	Tee
vino blanco/tinto/rosado	Weiß-/Rot-/Roséwein
zumo	Saft
zumo de naranja al natural	frisch gepresster Orangensaft

Typische Tapas

aceitunas	Oliven
ahumados	geräucherter Fisch
albóndigas	Fleischbällchen
almejas	Venusmuscheln
anchoas	Anchovis
bocadillo/bocata	belegtes Brötchen
boquerones en vinagre	eingelegte Sardellen
calamares	Tintenfische
callos	Kutteln
canapés	belegte Schnittchen
caracoles	Schnecken
champiñones	Chamignons
chipirones	Mini-Tintenfische
chorizo	Paprikawurst
cocido	Eintopf
croquetas	Kroketten
embutidos	Wurstwaren
gambas	Garnelen
jamón serrano	Gebirgsschinken
jamón Ibérico	Iberischer Schinken (Spezialität)
mejillones	Miesmuscheln
montado	kleines belegtes Brötchen
ostras	Austern
patatas bravas	scharf gebratene Kartoffeln
paté	Pastete
pincho moruno	Fleischspieß
pulpo	Oktopus, Krake
queso	Käse
sepia	Tintenfisch
tortilla de patatas	Kartoffelomelett

Fisch und Meeresfrüchte (pescado y mariscos)

atún	Thunfisch
bacalao	Stockfisch
besugo	Seebrasse
bogavante	Hummer
bonito	kleine Thunfischart
caballa	Makrele
cangrejo	Krebs
cigala	kleine Languste
dorada	Dorade
langostinos	Riesengarnelen
lenguado	Seezunge
merluza	Seehecht
mero	Zackenbarsch
pez espada	Schwertfisch
rape	Seeteufel
rodaballo	Steinbutt
salmón	Lachs
trucha	Forelle

Fleisch (carne)

asado	Braten/gebraten
aves	Geflügel
bistec	Beefsteak, Steak
buey	Ochse, Rind
chuleta	Kotelett
cerdo	Schwein
cochinillo	Spanferkel
conejo	Kaninchene
cordero	Lamm
escalope	Schnitzel
estofado	Schmorfleisch
filete	Filet
jabalí	Wildschwein
pato	Ente
pollo	Hühnchen
rabo de toro	Stierschwanz

Kulinarisches Lexikon

solomillo	Filet	manzana	Apfel
ternera	Kalb, Rind	melocotón	Pfirsich
vaca	Rind, Kuh	naranja	Apfelsine
		piña	Ananas
		plátano	Banane
		uvas	Trauben

Gemüse (legumbres, verdura)

aguacate	Avocado
ajo	Knoblauch
alcachofa	Artischocke
berenjena	Aubergine
calabacín	Zucchini
cebolla	Zwiebel
ensalada	Salat
espárragos	Spargel
espinacas	Spinat
garbanzos	Kichererbsen
guisantes	Erbsen
hongos/setas	Pilze
judías verdes	grüne Bohnen
lechuga	grüner Blattsalat
lentejas	Linsen
patatas	Kartoffeln
pepino	Gurke
pimiento	Paprikaschote
puerro	Lauch
tomates	Tomaten
zanahorias	Möhren

Obst (fruta)

cerezas	Kirschen
fresas	Erdbeeren

Nachspeisen (postres)

arroz con leche	Milchreis
crema catalana	Pudding mit karamelisierter Zuckerkruste
flan	Karamelpudding
helado	Eis
pastel	Kuchen, Gebäck
sorbete	Sorbet
tarta (de queso)	Käsekuchen
tocino de cielo	Paradiesspeise

Zubereitungen

a la plancha	gegrillt
a la parilla	auf einer heißen Metallplatte gegrillt
al ajillo	in Knoblauchsoße
al horno	aus dem Ofen
asado/-a	gebraten/geschmort
en escabeche	mariniert
en salsa	in Soße
frito/-a	frittiert
guisado/-a	geschmort

Im Restaurant

Ich möchte einen Tisch reservieren.   Quisiera reservar una mesa.
Die Speisekarte, bitte.   La carta, por favor.
Weinkarte   la carta de vinos
Die Rechnung, bitte.   La cuenta, por favor.
Kellner/Kellnerin   camarero/camarera
Frühstück   desayuno
Mahlzeit/Essen   la comida
Abendessen   la cena
Häppchen, Portion   la tapa, la ración
Vorspeisen   entremeses
Hauptgericht   el plato principal, el plato segundo
Nachspeise   el postre
Tagesgericht   menú del día
vegetarische Kost   comida vegetariana
Messer, Gabel   el cuchillo, el tenedor
Löffel, Teelöffel   la cuchara, cucharilla
Glas, Flasche   el vaso, la botella
Zucker, Süßstoff   el azúcar, la sacarina
Salz, Pfeffer   la sal, la pimienta

Register

Abendessen 16
Agua viva 23
Aktivurlaub 22
Anreise 18
Archäologisches Museum 63
Ärzte 20
Auslandskrankenversicherung 20
Ausweispapiere 18

Badeflaggen 23
Baden 23
Bajada de la Virgen 40
Bananenanbau 13
Bananenmuseum 71
Barco de la Virgen 36
Barlovento 91
Barranco de Las Angustias 25, **102**
Barranco del Agua 93
Behinderte 22
Benahoare 8
Benahoaritas 8
Berber 12
Beschwerdebuch 11
BILA 98
Biosphäre 10
Bootstouren 74
Breña Alta 44
Breña Baja 44
Busse 27

Caldera de Taburiente 102
Camino de la cumbre 25
Caminos de traviesa 25
Caminos radiales 25
Caminos reales de medianías 25
Camping 15
Casa de los Romeros 41
Casa del Maestro 77
Casa Luján 99
Casa Massieu 71
Casa Museo del Vino 59
Cascada de Los Colores 103

Centro de Interpretación de la Reserva Marina de La Palma 52
Centro de Visitantes de El Paso 107
Charco Azul 95
Conquista 12
Cubo de La Galga 98
Cueva Bonita 75
Cueva de Belmaco 46
Cueva de Buracas 80
Cueva de Tendal 90
Cueva del Infierno 98
Cumbre Vieja 109

Degollada de Franceses 84
Delphine 74
Deutsches Konsulat 23
Deutschsprachige Bücherei 98
Día de los Indianos 10
Diplomatische Vertretungen 23
Don Pedro 87
Dos Aguas 103
Drachenbaum von El Roque 78
Drachenbäume 80
Dragos 80
Duraznero 111

Einreisebestimmungen 18
El Calvario 86
El Castillo 82
El Fayal 79
El Jesús 76
El Paso 101
El Pilar 109
El Pinar 78
El Pino 78
El Roque 77
El Tablado 87
Ermita de la Concepción 42
Ermita Virgen del Pino 105
Escuela de Artesanía 45
Espigón Atravesado 97
Essen 16

Ethnografisches Museum 76
Events 19

Fähren 27
Faro de Fuencaliente 52
Feiertage 19
Felszeichnungen 88
Feste 19
Feuerquallen 23
Feuerwürmer 53
FKK 9
Flughafen 18
Franceses 91
Fremdenverkehrsämter 20
Frühstück 16
Fuente caliente 54
Fuente Nueva 84

Gallegos 91
Geld 19
Geschichte 12
Gesundheit 20
Gleitschirmfliegen 24
Gruppenwanderungen 25
Guagua 9

Handys 26
Haustiere 18
Heiße Quelle 53
Herbergen 15
Hospital General de La Palma 20
Hotelurlaub 14

Iglesia de Nuestra Señora de la Luz 86
Iglesia de Nuestra Señora de Los Remedios 62
Iglesia de Nuestra Señora de Montserrat 93
Iglesia de San Andrés 94
Iglesia de San Blas 45
Iglesia de San Miguel Arcángel 71

Register

Iglesia Virgen del Rosario 91
Information 20
Inselmuseum 36
Internet 26

Karneval 10
Keramik 46
Kinder 21
Klima 22
Kolonialisierung 12
Krankenhaus 20
Krankenversicherung 20
Kreditkarten 20
Kunsthandwerk 37, 46

La Cumbrecita 106
La Fajana 92
La Galga 98
La Glorieta 58
La Punta 76
La Venta 77
La Zarza 88
La Zarcita 88
Las Deseadas 111
Las Indias 56
Las Manchas 57
Las Nieves 39
Las Tricias 80
Leihwagen 27
Leuchtturm 52
Libro de reclamaciones 11
Llano Negro 87
Lomo de la Fajana 90
Lorbeerwald 94
Los Canarios 47, 111
Los Cancajos 43
Los Llanos de Aridane 61
Los Quemados 56
Los Sauces 93
Los Tiles 96
Lugo, Fernández de **12**, 39, 107

Malvasía Dulce 17, 59
Märkte 17
Markthallen 16
Maroparque 42
Mayos 99
Mazo 45
Mietwagen 27
Mirador de las Barandas 97
Mirador de Las Chozas 107
Mirador de Los Andenes 84
Mirador de Los Brecitos 103
Mirador de Los Roques 106
Mirador de Miraflores 78
Mirador del Birigoyo 110
Mirador del Hoyo Negro 111
Mirador del Lomo de Tagasaste 103
Mirador La Tosca 91
Mittagessen 16
Mobil telefonieren 26
Monasterio del Císter 41
Montaña La Barquita 110
Mountainbike 24
Museo Arqueológico Benahoarita 63
Museo Casa Roja 45
Museo de la Seda Las Hilanderas 101
Museo del Plátano 71
Museo del Puro Palmero 44
Museo del Vino 58

Nachhaltigkeit 26
Nationalgefühl 8
Naturschwimmbecken 92, 97
Niederschläge 22
Notfälle 23

Observatorio Astrofísico 83
Öffnungszeiten 22
Österreichische Botschaft 23

Pannenhilfe 23
Parque Cultural de La Zarza y La Zarcita 88
Passatwind 6
Pensionen 15
Pico Birigoyo 110
Pilotwale 74
Playa Chica 54
Playa de Charco Verde 60
Playa de la Veta 75
Playa de las Monjas 60
Playa de Nogales 98
Playa de Puerto Naos 60
Playa de Taburiente 103
Playa Echentive 53
Playa Nueva 60
Playa Zamora 54
Plaza de Argual 63
Plaza La Glorieta 59
Porís de Candelaria 77
Preisniveau 20
Puente de Los Tilos 93
Puerto de Tazacorte 72
Puerto Espíndola 94
Puerto Naos 57
Punta Larga 54
Puntagorda 77
Puntallana 98
Puros Palmeros 68

Queso palmero 69

Radfahren 24
Rauchen 22
Real Santuario de N.S. de Las Nieves 39
Regen 22
Reisezeit 22
Restaurants 16
Roque de Los Muchachos 83
Roque del Faro 87

Salinas de Fuencaliente 53
Salzgarten 53
San Andrés 94
Santa Cruz 30
– Ayuntamiento 35
– Calle O'Daly 30
– Casas de los Balcones 31
– Casa Pinto 35
– Casa Salazar 30
– Iglesia del Salvador 35
– Iglesia de Santo Domingo 31
– Museo de Arte Contemporáneo 31
– Museo Insular 36
– Museo Naval 36
– Placeta de Borrero 31

117

Register

- Plaza de España 34
- Plaza de la Alameda 36
- Plaza de la Constitución 30
- Plaza de Santo Domingo 31
- Rathaus 35

Santo Domingo de Garafía 86
Santuario de Las Angustias 72
Schifffahrtsmuseum 36
Schlucht der Ängste 102
Schneejungfrau 38
Schweizer Botschaft 23
Seidenmuseum 101
Selbstversorger 16
Semana Santa 19
Shopping 67
Sicherheit 23
Spanische Fremdenverkehrsämter 20
Spezialitäten 68
Sport 22
Sternbeobachtung 83
Strände 24

Surfen 25
Süßes 17

Tanausú 108
Tankstellen 27
Tauchen 25
Taxi 27
Tazacorte 71
Telefonieren 26
Tierpark 41
Tijarafe 77
Trinken 16
Turismo Rural 14

Übernachten 14
Umweltschutz 10
UNESCO-Biosphärenreservat 10
Ureinwohner 12, 88
Urlaub auf dem Land 14

Veranstaltungskalender 20
Verkehrsmittel 27
Verkehrsregeln 27
Verwaltung 11
Vieja Iglesia de San Mauro Abad 78

Villa de Mazo 45
Vino de la tea 17
Volcán de San Antonio 49
Volcán de Teneguía 49
Volcán Martín 111
Vorwahlen 26
Vulkanismus 49
Vulkanroute 109

Wale 74
Wandern 25
Wassersport 25
Wein 17
Weinanbau 12
Weinmuseum 58
Wellness 25
Wichtige Telefonnummern 23
WLAN-Hotspots 26

Zeit 9
Zeitungen 20
Ziegenkäse 69
Zigarren 44, 68
Zollbestimmungen 18
Zuckerrohranbau 12

Das Klima im Blick — atmosfair

Reisen bereichert und verbindet Menschen und Kulturen. Wer reist, erzeugt auch CO_2. Der Flugverkehr trägt mit einem Anteil von bis zu 10 % zur globalen Erwärmung bei. Wer das Klima schützen will, sollte sich für eine schonendere Reiseform (z. B. die Bahn) entscheiden – oder die Projekte von *atmosfair* unterstützen. *Atmosfair* ist eine gemeinnützige Klimaschutzorganisation. Die Idee: Flugpassagiere spenden einen kilometerabhängigen Beitrag für die von ihnen verursachten Emissionen und finanzieren damit Projekte in Entwicklungsländern, die dort den Ausstoß von Klimagasen verringern helfen. Dazu berechnet man mit dem Emissionsrechner auf *www.atmosfair.de*, wie viel CO_2 der Flug produziert und was es kostet, eine vergleichbare Menge Klimagase einzusparen (z. B. Berlin – London – Berlin 13 €). *Atmosfair* garantiert die sorgfältige Verwendung Ihres Beitrags. Klar – auch der DuMont Reiseverlag fliegt mit *atmosfair!*

Autor | Abbildungsnachweis | Impressum

Unterwegs mit Dieter Schulze

Dieter Schulze studierte Literatur- und Sozialwissenschaften und promovierte über modernes Theater. Die Kanaren hat er schon in den 1980er-Jahren entdeckt: »Er kommt im Herbst mit den Wandervögeln und zieht im Frühjahr mit ihnen von dannen«, spötteln seine kanarischen Freunde. Frucht seiner vielen und langen Aufenthalte auf den Inseln sind über zehn Kanarenbände, bei DuMont u. a. ›Teneriffa‹ und ›Wandern auf Gran Canaria‹.

Abbildungsnachweis

DuMont Bildarchiv, Ostfildern: S. 10, 14, 17, 36, 38, 41, 52, 57, 58, 93, 107 (Sasse); Umschlagklappe vorn (Zaglitsch)

laif, Köln: S. 69 (Bredehorst); 83 (Knechtel); 74 (Piepenburg); 7, 8, 13, 31, 39, 45, 54, 63, 66, 73, 86, 92, 96, 97, 98, 102, 103; Umschlagrückseite (Sasse); 80 (Siemers)

LOOK, München: Titelbild (age fotostock); 78 (Muñoz)

Dieter Schulze, Bremen: S. 4/5, 28/29, 34, 47, 49, 62, 67, 72, 88, 89, 99, 120

Kartografie

DuMont Reisekartografie, Fürstenfeldbruck
© DuMont Reiseverlag, Ostfildern

Umschlagfotos

Titelbild: Balkonhäuser in Santa Cruz
Umschlagklappe vorn: Drachenbaum

Hinweis: Autor und Verlag haben alle Informationen mit größtmöglicher Sorgfalt geprüft. Gleichwohl sind Fehler nicht vollständig auszuschließen. Alle Angaben erfolgen ohne Gewähr. Bitte schreiben Sie uns! Über Ihre Rückmeldung zum Buch und Verbesserungsvorschläge freuen sich Autor und Verlag:
DuMont Reiseverlag, Postfach 3151, 73751 Ostfildern,
info@dumontreise.de, www.dumontreise.de

3., aktualisierte Auflage 2016
© DuMont Reiseverlag, Ostfildern
Alle Rechte vorbehalten
Redaktion/Lektorat: Heike Pasucha/Ulrike von Düring
Grafisches Konzept: Groschwitz/Blachnierek, Hamburg
Printed in China